Momentos de Reflexão
para Dias Estressantes

Momentos de Reflexão
para Dias Estressantes

Dicas simples para encontrar significado e alegria no dia-a-dia

Tzivia Gover
Illustrações de Kent Lew

Tradução:
MAGALI B. PINHEIRO

EDITORA CULTRIX
São Paulo

Título original: *Mindful Moments for Stressful Days*.

Copyright © 2002 Tzivia Gover.

Copyright das ilustrações © 2002 Kent Lew.

Ilustração da capa: Kent Lew.

Publicado originalmente nos Estados Unidos por Storey Publishing, LLC.

"Faça um brasão da família" na página 100 foi inspirado no livro *Meeting Yourself Halfway: 31 Value Clarification Strategies for Daily Living*, de Sidney B. Simon, Hadley, MA: Value Press, 1974.

Todos os direitos reservados. Nenhuma parte deste livro pode ser reproduzida ou usada de qualquer forma ou por qualquer meio, eletrônico ou mecânico, inclusive fotocópias, gravações ou sistema de armazenamento em banco de dados, sem permissão por escrito, exceto nos casos de trechos curtos citados em resenhas críticas ou artigos de revistas.

Dados Internacionais de Catalogação na Publicação (CIP)
(Câmara Brasileira do Livro, SP, Brasil)

Gover, Tzivia
    Momentos de reflexão para dias estressantes : dicas simples para encontrar significado e alegria no dia-a-dia / Tzivia Gover ; ilustrações de Kent Lew ; tradução Magali B. Pinheiro. -- São Paulo : Cultrix, 2005.

    Título original: Mindful moments for stressful days.
    ISBN 85-316-0890-2

    1. Atenção 2. Auto-ajuda - Técnica 3. Meditação 4. Reflexão I. Lew, Kent. II. Título.

05-2728   CDD-158.12

Índices para catálogo sistemático:
1. Auto-ajuda : Reflexões : Psicologia aplicada 158.12

O primeiro número à esquerda indica a edição, ou reedição, desta obra. A primeira dezena à direita indica o ano em que esta edição, ou reedição, foi publicada.

Edição

Ano

1-2-3-4-5-6-7-8-9-10-11

05-06-07-08-09-10-11-12

Direitos de tradução para a língua portuguesa adquiridos com exclusividade pela
EDITORA PENSAMENTO-CULTRIX LTDA.
Rua Dr. Mário Vicente, 368 — 04270-000 — São Paulo, SP
Fone: 6166-9000 — Fax: 6166-9008
E-mail: pensamento@cultrix.com.br
http://www.pensamento-cultrix.com.br
que se reserva a propriedade literária desta tradução.

Impresso em nossas oficinas gráficas.

Para Richard Gover, meu pai, que sempre diz: "Seja positivo."

AGRADECIMENTOS

Não realizamos nada sozinhos. Eu gostaria de expressar a minha gratidão a todos os meus mestres (tanto os que participaram deste trabalho quanto os que não participaram), inclusive aos senseis da Valley Women's Martial Arts e do Northampton Zen Studio; aos rabinos e mestres da Congregation B'nai Israel de Northampton, Massachusetts; à falecida Jane T. Howard; a Jane Porter e a My Little Goose, também conhecida como Miranda, que me ensinou a grande sabedoria que apenas as crianças conhecem. Estendo meus agradecimentos também a Susan Beck, a Jane Coveli, a Jan Freeman, a Elise Gibson, a James Gover, a Molly Hale, a Lesléa Newman, a Aja Riggs, a Diane Steelman, a Betty Swain e a Joanne Yoshida, por sua ajuda, apoio e orientação constantes. E a Chris Swain, por preencher todos os momentos da minha vida com amor.

O meu muito obrigada também à equipe inspiradora da Storey Books, especialmente a Karen Levy e a Deborah Balmuth, que me ajudaram a elaborar e a publicar este livro.

Sumário

8	Fique Ciente
11	Chamada
29	Volta ao Lar
71	Mente Sã, Corpo São
95	As Pessoas com Quem Convivemos
131	Cuide da sua Vida
165	Na Estrada

Fique Ciente

MUITAS RELIGIÕES DO MUNDO comemoram as bênçãos do cotidiano. Santa Teresa d'Ávila, que viveu no século XVI, afirmava que podia encontrar Deus tanto na cozinha, entre panelas e caçarolas, como no altar. A religião judaica incentiva seus seguidores a fazerem preces de agradecimento para todas as pequenas coisas do dia-a-dia, da graça de ter uma fatia de pão para comer ao privilégio de poder admirar um arco-íris; e as histórias budistas muitas vezes retratam uma pessoa comum que alcança a iluminação ao executar tarefas cotidianas como carregar baldes de água e cortar lenha. Vertentes religiosas em todo o mundo concordam que, quando abordado de forma consciente, o dia-a-dia pode ser — se não uma experiência mística — pelo menos uma experiência mais profunda, mais rica e mais significativa.

Com base nessa rica história, *Momentos de Reflexão para Dias Estressantes* fornece idéias para uma vida consciente que se coaduna com o tilintar das panelas e das caçarolas da sua cozinha. As dicas apresentadas neste livro podem ajudá-lo a viver com determinação e consciência nas horas em que você menos espera: na fila do supermercado, no saguão do aeroporto, na academia de ginástica. Minha premissa, de que vivenciando o momento presente você pode aprofundar as experiências cotidianas e alcançar alegria e paz interior, não se choca com nenhuma outra prática espiritual que porventura você possa cultivar. Pelo contrário, este livro procura enriquecer a sua vida espiritual e melhorar a qualidade dos seus dias.

As idéias aqui apresentadas estão divididas em seções e foram agrupadas de acordo com as atividades diárias que muitos de nós realizamos. Você pode ler o livro do começo ao fim ou ir direto às seções que considera mais inspiradoras e motivadoras. Lembre-se: trata-se de sugestões, e não de instruções. Não tente incorporar todas essas dicas e idéias de uma só vez. Escolha as mais apropriadas ao seu estilo de vida.

Uma vida atenta é uma vida criativa. Procure oportunidades para acrescentar as suas práticas conscientes à sua rotina diária. Comemore cada momento em que puder dizer com sinceridade: "Eu estou aqui."

Chamada

N O SEU PRIMEIRO DIA DE AULA NO JARDIM INFÂNCIA, o professor chamou o seu nome e você aprendeu a responder "presente" ou "estou aqui". Você foi sincero, pois não estava apenas sentado na sua carteira, estava realmente presente. Quando criança, ao pintar, você mergulhava a mão toda no pote de tinta e espalhava as cores sobre o papel. Quando alguém derrubava o seu castelo de areia na praia, você chorava copiosamente em protesto. Na hora do recreio, os biscoitos de chocolate ficavam tão gostosos mergulhados no leite que você fazia a maior lambança e se deleitava a cada mordida.

Se alguém dissesse o seu nome hoje, neste momento, você poderia responder "presente" com sinceridade? Você já ficou embevecido hoje com as cores de uma flor, do céu ou dos olhos de alguém? Sentiu a verdadeira explosão de sabor ao mastigar

CHAMADA

a fatia de torta de maçã que comeu de sobremesa ontem no jantar? Ainda está remoendo a injustiça que sofreu há dez anos? E, neste exato momento, enquanto lê este livro, até que ponto você está aqui e até que ponto está perdido nas suas lembranças, arrependimentos ou nostalgia? Parte de você está examinando o futuro, percorrendo caminhos de esperança, planos e sonhos?

É difícil viver plenamente no momento presente. Afinal de contas, o *agora* está constantemente evaporando e se reconstituindo. Pode parecer um desafio manter um apoio precário no átimo de tempo que desaparece no oceano da eternidade. E por que deveríamos nos dar ao trabalho de prestar atenção a cada momento? Afinal de contas, quem tem tempo para parar? Há tanto a fazer. Há filhos a criar, contas a pagar, refeições a preparar e metas a cumprir.

> *"Aproveite a novidade única de cada momento e não prepare as suas alegrias."*
>
> — André Gide, *The Fruits of the Earth.*

Mas você pode viver no momento presente e ainda conservar o emprego, criar os filhos, buscar a realização dos seus sonhos. Pode até fazer, e vai fazer, tudo o que sempre fez. Ainda vai ficar zangado, perder as chaves, ficar sem gasolina. O fato de estar presente não significa que você vai resolver todos os seus problemas, mas significa que vai enriquecer as suas experiências. Ajuda-o a reagir diante dos inevitáveis altos e baixos da vida e aumenta a sua capacidade de sentir alegria e de ser imparcial. Quando vivemos conscientemente podemos fazer escolhas com espírito de solidariedade, e não de competição, e aprender a reagir com gratidão, e não com ganância.

Um momento tem a duração de um piscar de olhos. Para estar pronto para ele é preciso praticar. Deixe que este livro guie os seus passos para que você possa entrar no momento presente plena e conscientemente, focando a integração do comportamento atento ao seu cotidiano. Comece agora. Sinta o ar entrando em suas narinas. Veja como ele faz uma pausa antes de ser exalado. Sinta seus músculos ficando menos tensos. Relaxe os olhos, a mandíbula e o pescoço. Observe, pouco a pouco, a sua mente serenar.

Bem-vindo. Você está aqui.

CHAMADA

Mente cheia, mente vazia

Todas as principais religiões abordam a idéia de conscientização e reflexão ou vida contemplativa. Nas últimas décadas, em vista do avanço da tecnologia, do aumento da violência e do mercantilismo no Ocidente, os ensinamentos budistas sobre conscientização ou reflexão estão se tornando cada vez mais populares. Trocando em miúdos, ficar consciente significa ficar totalmente envolvido pelo momento presente. Trata-se da arte de prestar atenção cuidadosamente a tudo o que se vivencia.

Mas à primeira vista o termo *conscientização* ou *reflexão* parece ser contraditório. Em qualquer prática de conscientização ou de reflexão, a primeira lição consiste em esvaziar a mente. Então, por que não chamamos esse processo de esvaziamento da mente? Por um lado, é preciso esvaziar a mente para preenchê-la novamente de forma consciente. Nós meditamos para esvaziar a mente. Depois, desenvolvemos a capacidade de concentração para dirigir nossa mente de forma positiva.

Há um ditado zen que diz: "Um copo é útil quando está vazio." Em outras palavras, para que possamos encher um copo com o líquido que queremos, ele precisa estar vazio. Um copo cheio, obviamente, também é útil — mas apenas se estiver cheio com o que queremos e precisamos. Com a mente acontece a mesma coisa. Ela está cheia de pensamentos e sentimentos que você mesmo escolheu? Ou está entulhada de reações impensadas a acontecimentos passados? É possível que você não esteja ciente da metade do que está armazenado nela. E, no entanto, seus pensamentos determinam o seu modo de agir, de se sentir e de ver o mundo.

> *"O nada é o ser, e o ser é o nada."*
> — Daniel C. Matt, *The Essential Kabbalah*

Viver conscientemente significa conhecer seus próprios pensamentos e sentimentos. Significa viver em harmonia com a sua profunda sabedoria interior e com um estado natural de compassividade, forjando ricas conexões com o mundo que o cerca. Ser consciente significa ser reflexivo na verdadeira acepção da palavra.

Não fazer nada

Quando foi a última vez que alguém o cumprimentou por não fazer nada? Costumamos julgar mal alguém que não está fazendo nada, crentes de que se trata de pura preguiça. Nossos pais e professores sempre diziam: "Pare de sonhar acordado." Ficar simplesmente sentado numa cadeira confortável durante metade do dia é considerado pura perda de tempo.

CHAMADA

No entanto, é bom ficar quieto. Assim pensavam os antigos gregos. Eles achavam que esse era o caminho que levava à sabedoria e ao bem maior. Resolva não fazer nada. Na verdade, elogie a si mesmo por isso. Compre uma embalagem de estrelinhas douradas adesivas, como aquelas que os professores davam aos alunos que tiravam boas notas. Coloque uma na sua agenda ou no seu diário, ou planeje os dias em que pretende reservar algum tempo para não fazer nada.

Amplie as dimensões do bem

Quando pensamos, liberamos o pensamento para o universo, que, de alguma forma, retorna na forma de energia. Se enviarmos sempre queixas e críticas a respeito de carência e miséria, todas essas coisas voltarão para nós. Em termos espirituais, o pensamento é uma forma de oração: enviamos nossas esperanças, nossas expectativas e nossos desejos para a força ou o ser que consideramos bom, generoso e capaz de dissipar nossas dúvidas mais profundas.

"O sorriso que você dá volta para você."
— Provérbio indiano

Os psicólogos confirmam que os pensamentos têm o poder de influenciar a experiência. Segundo a "Teoria da Expectativa", os nossos pensamentos influenciam o nosso comportamento, e o nosso comportamento diz às pessoas como elas devem nos tratar. O comportamento delas, por sua vez, confirma a opinião que temos de nós mesmos e do mundo. Tente enviar pensamentos positivos. Concentre a sua mente na gratidão; na contemplação da beleza; nas pequenas dádivas e nos tesouros cotidianos, como o fato de poder fazer três refeições por dia. Esses pensamentos voltarão para você na forma de energia, trazendo mais amor, alegria e paz para a sua vida.

Pratique a aceitação total

Não é preciso que nada mais aconteça para que você seja completo. Não há nada a temer nem nada a desejar neste momento. Aceite-o como ele é. Obviamente, há muita coisa errada, injusta e iníqua no mundo. Mas você pode praticar aceitação total e ainda reagir contra as iniquidades; pode batalhar para melhorar sistemas injustos, tanto no seu país quanto no mundo em geral. Você encontrará obstáculos no caminho, mas vai deparar com eles num momento perfeito de cada vez.

CHAMADA

Inspire

Respiração, inspiração, espírito. Note que essas três palavras têm uma raiz comum. Isso acontece porque elas estão inter-relacionadas. Em Gênesis, Deus criou Adão e insuflou-lhe o sopro da existência. Com uma golfada de ar, expelida em seguida pelo choro vigoroso, todos nós nascemos. É espantosamente simples: a respiração é a única coisa que nos mantém nessa zona estreita entre a vida e a morte. A respiração representa a nossa mais básica conexão com a vida, unindo mente e corpo. É também a nossa conexão com o espírito, com a alma.

A meditação, uma prática profunda e capaz de alterar a vida, pode consistir simplesmente em sentar-se numa cadeira ou almofada e prestar atenção na própria respiração. Existe algo mais fácil que isso? Mas, na prática, depois de respirar uma, duas, talvez três vezes, a maioria das pessoas começa a pensar em alguma outra coisa — em qualquer coisa. Mas vale a pena tentar. Ao prestar atenção na sua respiração, você poderá melhorar a sua saúde, elevar o seu nível de atenção e aumentar a sua capacidade de viver no momento presente.

Inspire

Viva e aprenda

A respiração tem muito a nos ensinar. Toda vez que expiramos nos soltamos, confiando intuitivamente que haverá outra inspiração para nos manter vivos. No entanto, passamos tempo demais agarrados a coisas que não são nem de longe essenciais à nossa sobrevivência física. Nós nos agarramos às coisas boas com tanta força que quase as sufocamos. Nós nos agarramos até mesmo a idéias e relacionamentos prejudiciais. Ouça a sua respiração hoje e fique atento à mensagem que ela transmite. Ela está dizendo: "Solte-se; há muito mais."

> *"Respiração é vida, a expressão mais básica e mais fundamental da vida."*
>
> — Sogyal Rinpoche, *The Tibetan Book of Living and Dying*

Não prenda a respiração

Muitas religiões orientais acreditam que a energia e o poder vital estão armazenados na região inferior do abdome. Mas com que freqüência você deixa que o ar se infiltre profundamente no abdome, em vez de chegar apenas até o tórax? Que alterações ocorrem na sua respiração quando você está passando por emoções difíceis?

Observe o que está acontecendo à sua volta quando a sua respiração se torna superficial ou quando você prende a respiração. Pergunte a si mesmo por que está interrompendo o fluxo de ar. Lembre-se: ao parar de respirar, você corta a sua conexão com o momento presente. Da próxima vez que estiver diante de uma situação estressante, respire fundo algumas vezes. Fique consciente de que esse simples ato pode mudar o seu modo de se sentir e reagir.

Dê e receba

Quando inspiramos, criamos um vínculo com o mundo à nossa volta. Inalamos moléculas do meio ambiente, que são absorvidas pelo organismo e integradas ao corpo. Quando exalamos, liberamos moléculas que faziam parte do nosso organismo. À medida que respiramos, retiramos o que precisamos do mundo e o usamos para a nossa sobrevivência; depois liberamos o ar que as árvores e as plantas precisam para a sua própria sobrevivência. Há uma troca constante. Observe como esse processo de dar e receber ocorre em outras áreas da vida. Você está apegado a bens materiais de que não precisa mais? Procure algum objeto desses em casa e dê para alguém a quem possa ser útil.

Serenando a "mente de macaco"

Os mestres de meditação referem-se com freqüência à "mente de macaco", o hábito de pensar de modo indisciplinado. Os cientistas associam o sistema límbico, a região mais primitiva do cérebro, a impulsos e emoções. Incontida, a mente humana é regida por desejos primitivos. Nós nos apoderamos de tudo o que consideramos necessário à nossa sobrevivência. Os impulsos nos dominam e nos induzem a sentimentos de auto-comiseração e ódio. A raiva gera sentimentos de vingança e ressentimento. A atração pode nos conduzir a relacionamentos inadequados.

Esse monte de macacos na mente pode nos manter em círculos controlados por ambição, medo, luxúria e confusão. A meditação é a disciplina que nos ajuda a devolver o comando ao nosso lado mais sábio. Ela faz com que a mente fique novamente limpa e desobstruída. Com a meditação, podemos superar a confusão e restabelecer o vínculo com a mente verdadeira que John Locke, filósofo do século XVII, descreveu como "essa Mente eterna, infinita, que fez e rege todas as coisas".

Meditar não significa necessariamente sentar-se sobre uma esteira ou almofada com as pernas cruzadas na posição de lótus enquanto entoamos mantras em outro idioma — embora possa significar justamente isso. Meditar também pode significar sentar-se na cadeira favorita com os olhos fechados, prestando atenção aos próprios pensamentos. Existem diversas maneiras de meditar, e inúmeros livros e cursos sobre o assunto fornecem instruções detalhadas. Por enquanto, aprenda apenas algumas técnicas básicas de meditação e comece a praticá-las. O ato de meditar, seja qual for a forma escolhida, pode ser o instrumento mais valioso para se aprender a viver no momento presente.

> *"De qualquer modo, felicidade é estar totalmente absorvido por uma coisa maravilhosa e completa."*
>
> — Willa Cather, *My Antonia*

Você está aqui

No Velho Testamento, sempre que Deus chamava um profeta ou um profeta chamava o nome de Deus, eles recebiam a seguinte resposta: "Eu estou aqui." Eles não diziam: "Já vai, depois que eu pegar as compras e buscar minha filha no treino de vôlei." Também não diziam: "Um minutinho, deixe-me pentear o cabelo e retocar a maquiagem." Não, eles estavam presentes

Serenando a "mente de macaco"

quando recebiam o chamado. Vivendo no momento presente, você poderá responder com honestidade: "Estou aqui para realizar o meu objetivo." Tente dizer "Estou aqui" como um ponto focal sempre que meditar.

Abra os olhos

Meditar significa estar completamente desperto e vivo. Tente meditar com os olhos abertos — você correrá menos risco de adormecer ou de entrar num estado inconsciente, como em sonhos.

Volte os olhos num ângulo de 45 graus para o chão. Mantenha o foco relaxado; não fixe de propósito um único objeto. Deixe o seu olhar repousar no espaço vazio a meio caminho entre o chão e os olhos. Demora um pouco para se acostumar, mas, depois que estiver habituado, vai perceber que é mais fácil concentrar a mente com os olhos abertos.

CHAMADA

Onde começa o pensamento

Quando meditar, tente observar o ponto em que termina um pensamento e começa outro. Você vai passar a ver os seus pensamentos como as contas de um colar. Agora tente perceber o espaço entre um pensamento e outro. Veja como ele aumenta. Não o force a se expandir; apenas observe. Quanto mais você praticar a visualização desse intervalo entre os pensamentos, mais esse espaço vazio vai se alongar naturalmente.

"Ora dentro ora fora do jogo, observando, maravilhando-me."

— Walt Whitman, *Song of Myself*

Ouça o som mais sutil

Meditar é ouvir com atenção. Sente-se serenamente durante alguns minutos. Tente captar o som mais baixo que for capaz de ouvir. A princípio, pode ser a roupa girando na secadora. Continue ouvindo. Você consegue ouvir o fluxo de eletricidade que percorre os fios? Continue ouvindo. Consegue ouvir as batidas do seu coração? Mantenha os ouvidos atentos e relaxe. Continue ouvindo.

Meditação fora da esteira

É bom meditar apenas por meditar, e também concentrar-se na própria respiração apenas por concentrar-se na própria respiração. Mas, a menos que você só queira estar presente quando estiver fazendo exercícios de meditação, você vai limitar a eficácia dessa prática. Seria como ficar em forma levantando pesos na academia de ginástica, mas depois recusar-se a retirar as sacolas de compras do carro com os novos músculos. Sua força adquirida a duras penas de nada serviria.

Pratique meditação fora da almofada, na sua vida em geral. Aplique o que aprendeu no silêncio do cotidiano. Fique imóvel e observe seus pensamentos antes de responder às críticas do patrão. Você sente a raiva se formar? Observe as sensações corporais causadas pela raiva, dê nome aos seus sentimentos, mas não se deixe levar pelas emoções. Desprenda-se das emoções antes de agir.

Enquanto estava sentado na almofada, você sentiu uma sensação de completude, como se tudo no mundo fosse bom? Evoque esse sentimento quando se aproximar do balcão de atendimento ao consumidor da loja de departamentos para reclamar do relógio caro que comprou recentemente e que está atrasado três horas. Respire fundo e explique pacientemente a situação.

Lenta e regularmente

Tente meditar todos os dias. Se tiver dificuldade para ficar sentado imóvel por 5 minutos, tente ficar imóvel 4 minutos. Se conseguir ficar 20 minutos, tente 25. Aumente aos poucos. Pratique a arte de se desprender dos próprios pensamentos. Estamos tão acostumados a ser dominados pelos pensamentos que precisamos exercitar para nos livrar deles. Mas isso é essencial para que possamos recuperar a posse da nossa mente e a nossa vida. Ao desenvolver a capacidade de meditar, você também aumenta a capacidade de praticar os princípios da meditação no dia-a-dia.

Observe, mas não julgue

Meditar é observar de longe, mas com carinho. Observe seus pensamentos, mas não os julgue. Não pense "Este é um pensamento ruim" ou "Este é um pensamento bom". Não pense "Estou fazendo direitinho" ou "Esta meditação não leva a lugar algum". Seja apenas um observador. Se você se lembrar de algo

Meditação fora da esteira

que precisa fazer amanhã, observe o *planejamento*; deixe o pensamento ir embora e volte ao posto de observação. Se começar a remoer uma discussão que teve com o seu sócio horas antes, apenas observe o *pensamento* e deixe que ele vá embora. Se sentir que está gostando da sensação proporcionada pela meditação, deixe essa sensação passar também. Não se apegue a nada, não se atenha a nenhuma sensação, agradável ou dolorosa. Observe e mantenha-se aberto.

Agora, tente usar essa técnica quando não estiver meditando. Observe seus pensamentos quando sentir vontade de dançar ou de chorar. Veja como as emoções começam na forma de pensamentos. Você pode observá-las e depois deixar que passem.

Esvazie-se de si mesmo

Retire as camadas com as quais você envolveu a sua identidade. Esqueça o currículo, o penteado, os temores, os fracassos, as esperanças e as realizações. Esqueça os seus gostos e desgostos. Depois pergunte: "Quem está aí?" Continue mergulhando até sentir que encontrou algo resplandecente. Algo eterno. Esse é você. É aí que a meditação vai conduzi-lo. Está registrado aí se você vai ter "êxito" ou "fracassar". É sempre seu e sempre você.

Volta ao Lar

O LAR É MUITO MAIS DO QUE APENAS UM ENDEREÇO. Dizemos que o lar é onde está o coração, e essas palavras encerram muita sabedoria. Pode-se acrescentar que o lar é onde está o coração *aberto*. Os mestres de meditação sempre falam da importância de trazer a mente para casa, e os filósofos ao longo dos séculos identificaram a mente como a morada da alma e do espírito, da mesma forma que a casa que habitamos é o lar do corpo. As crianças gostam de brincar de casinha. O ideal é que o lar seja um local em que, quando entramos, nos sentimos seguros e integrados ao ambiente.

Em termos físicos, a casa em que moramos tem muito a nos ensinar. Trata-se de uma estrutura feita de tijolos e argamassa — ou pedra, ou madeira, ou o que for. Equipamos a casa com portas, fechaduras e até mesmo sistemas sofisticados de segurança para manter os intrusos afastados. Ela é construída para manter distantes a chuva e o frio, de modo que possamos ficar aquecidos e ser produtivos dentro dela.

Escolhemos a casa com carinho e caprichamos na decoração. Levamos em consideração se fica perto de uma boa escola para os nossos filhos. Podemos ficar apaixonados por uma casa pela vista que ela oferece das montanhas, pelo seu ambiente acolhedor ou pela varanda coberta de hera, ou então pelo saguão em estilo *art déco* do prédio de apartamentos. Escolhemos a dedo os móveis, indo a diversas lojas até decidir pela mesa perfeita. Descartamos o sofá surrado que temos arrastado de casa em casa desde a época da faculdade; e colocamos buquês de narcisos silvestres, comprados na banca de flores do mercado, no vaso azul da janela da cozinha.

"Apenas numa cabana construída para aquele momento pode-se viver sem medo."

— Kamo No Chomei, *poeta japonês do século XII*

Devemos ter esse tipo de cuidado com a mente — a casa que levamos conosco aonde quer que vamos. Se prestarmos bastante atenção, poderemos mobiliar a mente de modo a manter a nossa psique segura, exatamente como as janelas, as portas e o telhado nos mantêm fisicamente seguros e à vontade. Podemos colocar guardas nos portões da mente para manter afastadas as influências destrutivas e permitir a entrada das influências benéficas.

Existem várias maneiras simples de redecorar, de descartar o que não nos convém mais, de comprar aquilo de que precisamos e de nos sentirmos mais à vontade em casa, física e psicologicamente. Podemos aprender modos de ficar atentos em casa, e de nos sentirmos mentalmente em casa. Os afazeres domésticos que parecem trabalhos enfadonhos podem representar oportunidades para ir para casa no momento presente. E as rotinas diárias de caminhar, comer e dormir — feitas de modo consciente — podem adquirir um novo significado.

Muitas entradas

Quando começam a freqüentar a escola, as crianças já conseguem informar o seu endereço. Os adultos geralmente decoram o número de todas as casas em que já moraram. Estamos tão apegados ao ambiente físico que uma mudança de uma casa é considerada um dos acontecimentos mais estressantes da vida. Mas a nossa casa interior nunca muda. Não precisamos de um endereço para localizá-la. Assim como o casco da tartaruga, essa é a morada que levamos conosco e que nunca fica pequena demais. Essa casa não tem chave, mas tem muitas entradas. A meditação é uma delas. Outra, é a abertura dos sentidos.

Esses dois conceitos de casa estão relacionados. Assim como o amor transforma os tijolos e a argamassa de uma casa e faz dela um lar, a vida consciente transforma os minutos genéricos em momentos de realização plena. Esses momentos têm uma vasta arquitetura própria; são os locais em que você pode

Muitas entradas

viver, amar e sonhar. Ao prestar atenção na sua casa física, você alimenta também a sua capacidade de sentir-se verdadeiramente à vontade na sua psique.

Localize a sua casa interior

Sente-se em meditação silenciosa. Quando a sua mente estiver parada e relaxada, abra o seu olho interior e explore. Deixe a mente em meditação alcançar o âmago do seu ser. Procure um local calmo, tranqüilo. Esse local é a morada da sua sabedoria e da sua intuição. É a passagem que conduz para algo que sentimos como infinito, onde entramos em contato com o poder que alguns denominam espírito, Deus ou, simplesmente, o bem. Olhando através dos olhos da mente, descreva esse lugar. Você está nas margens de um lago interior? Encontrou uma fonte? Uma faixa de céu de um azul intenso? Ouviu um som límpido e claro? Abriu a porta para uma sala de sonho onde se sente imediatamente à vontade e em casa?

Esse lugar existe, quer você o encontre agora ou só depois de várias tentativas. Ele pode estar enterrado sob temores e ansiedades, mas está lá. Explore até encontrá-lo. Percorra-o nas suas meditações. Vá até lá sempre que precisar. É nesse local que você vai encontrar a paz. Tome um drinque lá, inspire e sinta-se rejuvenescido.

Reforma da casa

Por ora, considere a experiência da casa como uma metáfora para o local repousante da mente. Toda vez que pensar nela, como no modo que gostaria de decorá-la ou onde desejaria que se localizasse, reflita sobre a sua casa interior com a mesma intensidade. Não deixe de priorizar os projetos de melhorias, nas duas acepções da palavra casa.

Apele para os sentidos

Os cinco sentidos são as suas janelas para o mundo. Pense nisso. Se você não tivesse olhos, ouvidos, nariz, terminações nervosas na pele e na língua, como saberia o que existe no mundo ao seu redor? Os olhos permitem que você veja o verde-claro das folhas novas, o tom rosado da parte interna da concha do mar, o majestoso perfil de montanhas longínquas. Eles lhe mostram a beleza do mundo e o inspiram a criar ainda mais beleza. Os ouvidos levam até você a música, o som dos pássaros, o ruído do tráfego, a voz de um amigo pedindo ajuda. Os ouvidos são a porta de entrada da compaixão; eles permitem que você saiba onde está sendo requisitado. O olfato faz com que certos alimentos e certas pessoas pareçam irresistíveis. Quando você sente o cheiro de algo, na verdade você transporta átomos desse objeto para o interior do seu corpo. O olfato leva o mundo para dentro de você e o impede de permanecer isolado. Centenas de milhares de delicadas terminações nervosas sensitivas localizadas na pele permitem que você se sinta acariciado por um abraço, encantado com a sensação da água batendo no seu tornozelo quando está surfando ou quando é afagado pela brisa noturna. A capacidade de tocar e ser tocado começa na pele. O paladar é um sentido mágico. Como descrever o gosto de uma fruta silvestre, de uma gota de leite, de um gomo de laranja? Os sentidos são aberturas para uma vida consciente. Faça do ato de comer uma pêra uma meditação. Queime um incenso ou medite ao ar livre num dia de primavera e concentre-se apenas nos aromas ao seu redor.

Adicione tempero ao ambiente

Certifique-se de que todos os seus sentidos se sintam à vontade na sua casa. Compre um jogo especial de lençóis de seda ou algodão de excelente qualidade, que são deliciosos em contato com a pele. Mantenha uma tigela de frutas frescas sobre a mesa e adicione matizes e aromas ao ambiente à sua volta. Quais os quadros, as cores ou os objetos que agradam seus olhos? Retire ou substitua qualquer um desses itens de que você não gosta mais.

Tem alguma torneira vazando que você não consertou e o está irritando? Mande consertar. Invista num "gerador de ruído branco" (você pode encomendar um pela internet) ou use um ventilador para neutralizar os ruídos desagradáveis que não consegue eliminar. Faça compras num mercado étnico e repare a variedade de aromas, texturas e cores. Experimente uma nova verdura ou um novo tempero.

A porta de entrada

As portas e os portais receberam um significado especial ao longo dos séculos em todo o mundo. No Japão, os portais vermelhos (*torii*) instalados na entrada dos santuários xintoístas impressionam por sua beleza imponente e singela. Quando cruzam esses portais, as pessoas ficam com o coração e a mente purificados. As portas de entrada também são uma transição entre a privacidade do lar e a esfera pública do comércio e da política. Um pequeno estojo cilíndrico ou retangular chamado *mezuzah* é fixado no batente das casas judias. Dentro dele há um pergaminho com uma oração que inclui um lembrete para manter pensamentos de santidade em primeiro lugar no coração e na mente.

> *"A soleira da porta é algo sagrado."*
> — Porphyrus, *poeta do século III*

Muitas entradas

Olhe para a porta que você cruza para entrar e sair de sua casa. Há alguma coisa que poderia colocar nela, ou próximo a ela, para servir como um lembrete consciente do que você gostaria de deixar do lado de fora e do que gostaria de convidar para entrar? Pode ser um sino de vento, cuja música suave acalma e lembra que o lar é um local de harmonia, ou uma guirlanda pendurada na porta para simbolizar as energias renovadoras da vida que você quer estimular em casa. Qualquer objeto de decoração cuidadosamente escolhido que incorpore calma e tranqüilidade pode ajudar a sua mente a se concentrar no propósito de criar um lar cheio de amor e levar esse clima consigo quando sair de casa. Toda vez que entrar em casa, respire fundo e renove a sua promessa de cruzar a soleira sentindo-se em paz.

Domando a tecnologia

Nos dias de hoje, as portas não são as únicas passagens que levam ao interior da residência. A televisão, o telefone, o *beep*, o aparelho de fax e o computador podem ser instrumentos úteis ou contratempos indesejáveis que se intrometem no nosso estado consciente em casa. Descubra um equilíbrio para ficar em contato com a tecnologia útil. Por exemplo, quando você se conecta na internet, abre-se para propagandas, "programas de mensagens instantâneas" e solicitações de e-mail. O que você quer deixar entrar? E que quantidade de energia mental quer dedicar a esse portal eletrônico? Separe períodos específicos do dia para abrir e responder a e-mails. Você também pode ativar algumas configurações que bloqueiam e-mails de desconhecidos. Se preferir manter-se concentrado em algo quando estiver *on-line*, desative a função "mensagens instantâneas".

A televisão tem o mesmo potencial para inutilidades ou distrações prejudiciais. Ela não transmite apenas histórias divertidas e notícias interessantes, mas também imagens perturbadoras. Até mesmo comerciais ou vídeos de música aparentemente inofensivos podem transmitir mensagens ou imagens que não condizem com seus valores e suas convicções. Use o videocassete para gravar os programas que escolher conscientemente.

Muitas entradas

Escolha as notícias

Provavelmente, o momento mais difícil de estar totalmente presente é quando passamos por uma experiência desagradável. Nossa primeira reação é nos afastar dessa experiência por ser muito dolorosa. No entanto, todos os dias assistimos, ouvimos ou lemos as notícias, e somos expostos a histórias horripilantes de desastres naturais, guerras, fome, crimes e outras catástrofes. Se ficássemos verdadeiramente presentes durante o noticiário da noite, por exemplo, precisaríamos assisti-lo com uma caixa de lenços de papel ao alcance da mão, pois cada história de sofrimento humano iria evocar a nossa mais profunda solidariedade. Ou talvez fizéssemos as malas e pegássemos o primeiro vôo para uma nação afligida pela guerra para ajudar a alimentar os famintos e cuidar dos feridos. É impossível realmente absorver tudo.

"Monte guarda na porta do pensamento. Admitindo apenas as conclusões que você deseja que se transformem em resultados concretos, você controlará a si mesmo harmoniosamente."

— Mary Baker Eddy, _Science and Health_

Um modo de processar as notícias de modo consciente consiste em absorvê-las em pequenas doses, talvez durante só meia hora por dia. Pode ser que, de vez em quando, você queira fazer "jejum de notícias" por um dia, por um final de semana ou por uma semana inteira. Pode também escolher a fonte noticiosa menos sensacionalista, como um jornal matinal em vez do noticiário da noite. Se alguma coisa o perturbar demais, em vez de ficar alienado, tente fazer uma boa ação. Faça uma doação à Cruz Vermelha para ajudar as pessoas que perderam suas casas num terremoto. Se uma reportagem sobre uma advertência global o deixa ansioso, comprometa-se a ir para o trabalho de bicicleta uma vez por semana, em vez de ir de carro.

Desligue a campainha do telefone

Imagine que está assistindo a um filme na televisão com a sua família ou prestes a entrar no banho — e o telefone toca. Como se esse fosse um comando para ação, você corre para atender. Qualquer harmonia que porventura tivesse sido criada na sua casa, qualquer foco que você tivesse conseguido estabelecer, seria ameaçado. Pode ser que você tenha interrompido uma conversa séria com o seu filho ou a sua filha adolescente para atender o telefonema de um estranho que está tentando vender uma assinatura de revista que não lhe interessa. Tente reservar um período do dia "sem telefone". Desligue a campainha do aparelho e abaixe o volume da secretária eletrônica. Tire proveito dos recursos da tecnologia, como o identificador de chamadas, para que possa saber quem está ligando antes de atender o telefone.

Colocando a casa em ordem

O *feng shui* é um complexo sistema chinês que consiste em dispor os móveis e objetos de modo a aumentar o fluxo de energia positiva e atrair criatividade e prosperidade. Esse sistema atribui energias a cada um dos pontos cardeais, ao zodíaco chinês e a um pêndulo. Mas mesmo um principiante, munido de alguns conceitos básicos, pode usar os princípios do *feng shui* para eliminar o entulho da casa e da mente.

Embora a arte do *feng shui* seja uma novidade para muitos ocidentais, qualquer um pode comprovar como uma simples limpeza em casa pode ter efeitos positivos na disposição mental de uma pessoa. Quem nunca se sentiu bem depois de fazer uma limpeza rigorosa na primavera, de levar sacos cheios de roupas usadas e livros velhos para uma entidade beneficente, ou uma sensação de alívio depois de mudar a disposição dos móveis para tornar o ambiente mais agradável? Não é preciso comprar uma bússola ou um pêndulo nem aprender astrologia para sentir os efeitos benéficos do remanejamento do espaço físico — e mental.

Escolha um cômodo

Um bom lugar para começar a praticar o *feng shui* é o quarto, pois é nele que você dorme, sonha e faz amor. Fique em pé no meio do quarto. Respire fundo várias vezes. Feche os olhos e sinta os pés firmemente plantados no chão. Relaxe os joelhos e deixe cada vértebra da coluna repousar levemente, uma sobre a outra. Em seguida, abra os olhos e ande em volta do quarto, mantendo uma atitude aberta e consciente. Observe como se sente em cada parte do quarto. O canto onde fica a cômoda parece apertado? A cama de repente parece que está no lugar errado? Pense na possibilidade de fazer algumas mudanças. Até mesmo um gesto insignificante como substituir um velho pôster por algo novo e vibrante, como uma tapeçaria colorida, pode ter um impacto positivo.

Analise cada objeto e cada pensamento

Quando praticar o *feng shui* em casa, analise cada objeto e pergunte a si mesmo: "Este objeto tem utilidade? Eu o acho bonito?" Se a resposta às duas perguntas for não, dê esse objeto para outra pessoa ou jogue fora. Você pode fazer a mesma coisa com seus pensamentos. Na verdade, originalmente o *feng shui* era uma prática mental, e não física. Sente-se tranqüilamente e examine o conteúdo da sua mente. Provavelmente você vai encontrar uma monte de histórias, pensamentos, planos, esperanças e sonhos. Analise um pensamento por vez. Ali está um velho ressentimento de quando o seu melhor amigo se esqueceu do seu aniversário. Além de não servir para nada, não é nem um pouco bonito, portanto, livre-se dele. A lembrança de estar deitado na areia morna ouvindo o som das ondas do mar durante a última viagem de vereneio? Dê uma polida nela e deixe-a à mão para os momentos em que quiser centrar os pensamentos e relaxar.

Estabeleça uma zona livre de pensamentos

Escolha um canto aconchegante em casa, sua cadeira favorita ou até mesmo o chuveiro, e transforme-o no seu paraíso. Sempre que for a esse local, faça questão de não olhar para o passado nem para o futuro. Não se preocupe e não faça planos. Não pense em nada. Simplesmente curta o momento. E, depois, o momento seguinte.

VOLTA AO LAR

Iluminação diária

As histórias sobre meditação zen estão repletas de relatos de monges que tiveram percepções intuitivas profundas enquanto cortavam lenha ou transportavam água. Depois de ler muitas dessas histórias, talvez você ache que para alcançar a iluminação precisa substituir o sistema de encanamento e aquecimento interno por algo mais modesto. As histórias modernas de iluminação das pessoas que buscam o caminho espiritual exigem um ambiente mais compatível com a época atual. Atividades como cortar lenha e transportar água podem ser substituídas por dobrar a roupa lavada e separar itens recicláveis. A questão, obviamente, não é se você está carregando baldes de água ou buscando os filhos na escola. A questão é que até mesmo a mais mundana das tarefas, feita com uma mente consciente, pode proporcionar momentos de paz, inspiração e alegria.

Iluminação diária

Siga as suas mãos

Ao executar os afazeres domésticos, tente voltar toda a sua atenção para as suas mãos. Quando retirar a roupa da máquina de lavar, sinta a tensão nos dedos enquanto separa as calças, as camisas e os pares de meia. Sinta o peso frio dos lençóis enquanto os coloca na secadora. Sinta o contato do frio seletor da secadora na ponta dos dedos. Se a sua mente for invadida por outros pensamentos, como planos para o decorrer do dia ou preocupações com a situação financeira ou com os filhos, livre-se deles e concentre-se novamente nas suas mãos.

Terapia com alfazema

Foi a rainha Vitória quem descobriu que a alfazema é um tônico para os nervos. Atualmente, os aromaterapeutas afirmam que a alfazema pode ajudar a aliviar o *stress* e a relaxar a mente. Use esse aroma para fazer das tarefas domésticas uma atividade mais relaxante. Procure produtos para lavar roupa com essência de alfazema, ou adicione algumas gotas de água de alfazema na máquina de lavar. Sinta o aroma ao dobrar as roupas lavadas, ao arrumar a cama ou ao enxugar as mãos numa toalha. Você também pode guardar um creme para as mãos com aroma de alfazema na bolsa ou no porta-luvas do carro, e passar um pouco na pele quando precisar se acalmar. Você vai se beneficiar não apenas com o aroma, mas também com a massagem relaxante.

Jogue fora o lixo

Ao jogar o lixo na lixeira, medite sobre o aspecto positivo do ato de jogar fora aquilo de que você não precisa ou não quer mais. Da mesma forma, disponha-se a deixar para trás crenças e padrões de pensamento que não funcionam mais para você. Imagine velhos ressentimentos ou mensagens negativas sobre si mesmo e o mundo empilhados em barris que, depois, são levados embora e devidamente descartados.

O aspirador de pó

Uma mente vazia é igual a um aspirador de pó. Assim como o aspirador suga tudo o que está no seu caminho — moedas, clipes de papel, pó, sujeira, bolinhas de gude — a sua mente também vai sugar qualquer coisa que estiver na sua frente. Trocando em miúdos, a menos que você seja cuidadoso, pode acabar substituindo uma série de convicções prejudiciais por outras. Com o que você quer preencher a sua mente? Faça uma lista dos seus principais valores. Durante dez dias, anote diariamente as cinco coisas mais importantes para você e para o mundo. Que tipo de

Iluminação diária

pessoa você quer ser? O que considera mais relevante? A lista pode conter de tudo, do jantar em família à importância da saúde ecológica do planeta.

Findo o período de dez dias, analise as suas listas. Tem algum item que se repete várias vezes? As listas contêm mais ou menos os mesmos itens ou está sempre mudando? Descubra o que todas elas têm em comum. Tome nota desses valores e afixe-os em um local bem visível, como o espelho do armário de remédios, o quadro de avisos da cozinha, a primeira página do seu diário, a lista de "coisas a fazer" ou sua agenda eletrônica. Deixe que essas convicções fiquem em primeiro plano na sua mente, e compare as novas idéias e condutas com elas.

VOLTA AO LAR

Faça uma lavagem cerebral

O termo lavagem cerebral evoca imagens de culto e comportamento extremo. Mas todo mundo, em maior ou menor proporção, sofre lavagem cerebral. Quantas vezes você não ouve uma música no rádio e fica com ela na cabeça o resto do dia? O cérebro roda novamente a fita daquilo que ouvimos. As fitas que estão tocando hoje na sua mente provavelmente são mensagens da sua infância. O que lhe disseram sobre você quando criança? Que era sério demais? Engraçado? Desajeitado? Inteligente? Quantos desses conceitos ainda estão girando na sua mente? Como eles chegam a definir a sua auto-imagem? Depois de fazer um balanço dessas mensagens que lhe foram incutidas, você poderá manter algumas e apagar outras. Melhor ainda, poderá escolher novas fitas para tocar.

Repita suas convicções

Quando meditar ou sentar-se tranqüilo, observe os pensamentos sobre a sua identidade que teimam em surgir. Mais tarde, faça uma lista do que descobrir. Se fizeram uma lavagem no seu cérebro para que você pense que é egoísta, analise a possibilidade de

Faça uma lavagem cerebral

substituir essa antiga agressão por uma afirmação verdadeira, como: "Eu me amo e estendo esse amor a todos os que cruzam o meu caminho." Se lhe disseram que você é preguiçoso, encontre um novo pensamento para programar na sua mente. Tente algo como: "Gosto da plenitude dos tempos. Descanso e relaxo a fim de reunir energias para executar as tarefas que me aguardam."

Qualquer que seja a nova afirmação, repita-a várias vezes. Lembre-se, você teve de ouvir mensagens negativas durante muitos anos para que elas ficassem incutidas na sua mente. Repita as novas mensagens dez vezes seguidas pelo menos três vezes por dia. Faça isso quanto tempo for necessário, até acreditar que as novas mensagens e os seus atos refletem essa crença.

Escolha um mantra

Mantra, em sânscrito, significa proteção mental. Os mantras freqüentemente são transmitidos por um guru a seus discípulos, que os repetem durante as meditações diárias. Você pode criar um mantra para si mesmo, ou escolher uma palavra que o ajude a proteger o seu estado mental, para repetir nos momentos de meditação ou sempre que sua mente enveredar por pensamentos contraproducentes durante o dia. Um dos mantras mais conhecidos é a palavra divino em sânscrito: a sílaba *Om*. Em inglês, a

palavra *home* (lar) tem um som bem semelhante, e pode ser um bom mantra para levar seus pensamentos de volta ao seu centro, ou ao seu lar interior. Qualquer palavra ou frase que o ajude a se concentrar vai funcionar. Tente "paz", "Estou aqui" ou simplesmente "Eu existo".

Guarde o lugar

Você pode guardar o seu lugar, literal ou mentalmente, com um simples marcador de livros feito em casa. Escreva uma afirmação ou lembrete num desses blocos de recado autocolantes. Pode ser que queira escrever uma palavra, como *respire*, uma frase inspiracional ou um ditado, como esta citação de Elisabeth Kübler-Ross: "Aprenda a entrar em contato com o silêncio dentro de si mesmo e saiba que para tudo existe uma razão." Escreva a palavra ou frase com a sua melhor letra usando uma caneta hidrocor ou brilhante. Capriche para ficar bonito. Coloque o papel com a borda autocolante embaixo, de modo que a parte sem cola fique visível acima da página quando você fechar o livro. Use essa nota para marcar o lugar em que parou no diário, na agenda, no livro que está lendo ou na revista. Toda vez que abrir um deles vai descobrir também o seu lugar mentalmente, lembrando a si mesmo de onde quer que a sua mente esteja.

O lar é onde está o coração

Pode ser que você tenha uma imagem idílica sobre a forma como as refeições da família devem ser preparadas. Talvez mentalize uma linda mulher num avental limpo mexendo panelas de quitutes fumegantes para a família. A cozinha está clara e arrumada. Não há óleo derramado no fogão; não há ruído de microondas vibrando, barulho de crianças brincando, nem telefones tocando.

Sua experiência pessoal pode estar tão distante desse ideal que você mal reconhece os rituais da sua cozinha como fazendo parte da mesma categoria. Talvez você retire uma refeição própria para microondas do freezer ou abra uma caixa de macarrão e pegue um vidro de molho pronto. Talvez compre sanduíches na padaria a caminho de casa. Ao se sentar para fazer uma refeição, pode ser que se preocupe com a quantidade de comida que ingere e se os alimentos são saudáveis ou prejudiciais. Talvez você tenha medo de que nem sempre haja comida suficiente ou de que esteja comendo mais do que deveria.

O alimento é uma fonte de energia, mas também pode ser uma fonte de *stress*. Nosso apetite pode ser confuso, e a nossa reação a ele, contraproducente. Adotar uma postura consciente na hora das refeições pode ajudar a abordar todas essas preocupações e a intensificar a sua experiência com a alimentação.

Ponha a mesa, crie o clima

Costumamos falar em criar o clima para um jantar com louça fina, velas e flores. Mas o clima para a hora da refeição extrapola esses detalhes materiais. Crie o clima mental enquanto prepara o jantar. Observe, mas não julgue os pensamentos que estão passando pela sua mente ao colocar o jantar na mesa. Você está se comparando com alguém? De modo favorável ou desfavorável? Está resmungando silenciosamente por achar que está fazendo mais do que seria a sua obrigação? Livre-se desses pensamentos e concentre-se na sua verdadeira intenção: alimentar a si mesmo e àqueles a quem você ama.

O lar é onde está o coração

Lista de compras

Toda semana você faz uma lista dos alimentos que precisa estocar. Faça também uma lista de compras semanal para o seu eu interior. Do que você precisa esta semana para continuar a alimentar o seu estilo de vida consciente? Reservar uma manhã para cuidar do jardim? Uma hora sozinha? Um demorado banho quente? Flores frescas no quarto? Uma massagem? Uma visita à sua casa espiritual, seja um lugar de adoração ou um local junto à natureza que evoca a sua admiração? Faça uma "lista de compras" das coisas que você ama, as coisas de que o seu coração necessita.

Um bocado de cada vez

Há um ditado budista que diz: "Quando eu como, eu como." Para quem come ao volante, na mesa de trabalho ou lendo o jornal, esse pode ser um conceito radical. Tente fazer as refeições sem nenhum fator de distração. Concentre-se apenas nos aromas, nos sabores, nas texturas e nas qualidades nutritivas dos alimentos que está ingerindo. Mesmo que não se sinta à vontade — especialmente se não se sentir à vontade — observe os sentimentos que surgem. Respire e coma mais um bocado.

Simplesmente agradeça

Concentre-se na refeição que vai fazer dizendo um simples obrigado. Em todo o mundo, as pessoas sempre tiveram de lutar para sobreviver. A busca por alimentos sempre foi um esforço desgastante para a humanidade na maioria dos períodos históricos e lugares. Reflita sobre a sorte que tem de poder comer durante todo o ano. Pense que raramente escuta o seu estômago roncar, muito menos sente fome de verdade. Esse é um milagre diário da época e do lugar em que vivemos, mas que facilmente passa despercebido. Antes de dar uma garfada, inspire. Inale a sua gratidão por poder suprir todas as suas necessidades mais básicas. Exale qualquer tensão ou preocupação que possa interferir com a sua gratidão por essa dádiva, e deseje que um dia todas as pessoas possam ter essa bênção.

Dê a mão

Preste atenção em todas as pessoas com as quais você faz a sua refeição, reservando um momento antes de comer para dar as mãos. Aperte delicadamente a mão de quem está sentado à sua direita. Ao fazer isso, sinta o seu amor e a sua estima por essa pessoa. Ela aceita o gesto ao receber verdadeiramente a sua boa

O lar é onde está o coração

intenção e, depois, faz o mesmo com quem está sentado à direita dela. Continue até que o círculo seja completado. Depois, soltem as mãos e comam.

Meditação na hora das refeições

Contemple o alimento que está no prato à sua frente e nomeie todas as forças — humanas, ambientais e mecânicas — que contribuíram para lhe proporcionar essa refeição. Agradeça mentalmente a cada uma delas. Por exemplo, agradeça à sua esposa ou ao seu marido por ter picado o pepino da salada, o seu filho por lavar a alface, à sua filha por ter desembalado as compras do supermercado, ao professor aposentado que ensacou as compras no supermercado, ao caixa, às pessoas que colocaram as mercadorias nas prateleiras e assim por diante. Você vai acabar agradecendo aos trabalhadores rurais que colheram os alimentos, à chuva que fertilizou as sementes e o sol, sem o qual as plantas não teriam brotado. Não se esqueça dos caminhoneiros que transportaram as caixas de macarrão pelo país afora. Depois, com novo apreço pelo lugar que você ocupa na rede global, saboreie cada bocado.

Mastigue a bebida e beba os alimentos

Coma devagar. Tome um golinho de suco e deixe-o um pouco na boca até sentir o gosto e a sensação de quente e frio se fundirem. Quando der uma garfada, mastigue bem, tentando identificar cada sabor, tempero e textura. Ao tornar mais lento o processo de mastigar e engolir, você vai sentir mais o sabor dos alimentos e ter uma digestão melhor.

O lar é onde está o coração

As cores da cozinha

A cozinha é o coração da casa, o lugar onde você e seus entes queridos preparam os alimentos nutritivos que os sustentam. Faça com que a sua cozinha contenha cores e objetos que alimentam os seus sentidos. Pendure um retrato dos seus filhos brincando no jardim, cole uma citação que estimula a imaginação na porta da geladeira ou pense na possibilidade de pintar os armários de cor-de-rosa.

Sinta o aroma do assado

Cozinhar é uma experiência relacionada com os sentidos. Convoque os sentidos da audição, da visão, do olfato, do tato e do paladar ao preparar a comida. Ouça o barulho da faca batendo na tábua enquanto fatia vegetais coloridos, como pimentões vermelhos e amarelos, cenouras e berinjelas, para a salada ou o refogado rápido. Abra pelo menos três vidros de tempero e cheire um por um antes de decidir qual vai usar. Suje as mãos. Sove uma massa ou faça bolinhos de peixe ou hambúrgueres. (Lembra-se de como adorava fazer tortas de barro? Isso é ainda melhor, pois você pode comer o resultado!) Você vai se sentir alimentado antes mesmo de começar a comer.

No quintal

Ajoelhe-se entre fileiras de pés de cenoura e de alface que acabaram de brotar e comece a trabalhar. Arranque as ervas daninhas e observe o que acontece dentro de você. Os pensamentos parecem se aquietar à medida que a sua atenção se volta naturalmente para o que está fazendo. Cavar a terra, plantar uma semente, adubar um canteiro de flores, podar um arbusto — todas essas atividades parecem deixá-lo tão absorto que qualquer problema ou preocupação fica temporariamente suspenso. Qualquer jardineiro pode confirmar isso, mas é difícil explicar por quê.

Talvez o fato de mexer com a terra com tanta intimidade restabeleça a nossa conexão com a fonte da vida e, conseqüentemente, produza uma calma genuína. Pode ser que os elementos terra, ar, água e fogo (na forma de luz) entrem em equilíbrio natural. Além disso, é no jardim que o crescimento, a exuberância da vida e o processo natural de decomposição ocorrem de modo tão vívido. Somos lembrados de que tudo está interligado enquanto empurramos carrinhos de mão cheios de talos de plantas, folhas aparadas e caules arrancados para a pilha de compostos orgânicos que, mais tarde, enterramos no solo recém-formado contendo os restos de plantas murchas da estação anterior. No jardim, podemos ficar enraizados onde estamos: nos raios solares, no solo e no momento presente.

O jardim dentro de casa

Se você não tem espaço para plantar nem mesmo um pequeno canteiro de ervas, ou então é inverno e não é possível fazer jardinagem ao ar livre, leve uma planta para dentro de casa. Limpe um caroço de abacate e, com a ajuda de palitos, deixe-o em suspensão numa jarra de

"Cultive o seu jardim."
— Voltaire, *Candide*

água. Coloque a jarra na janela e observe o surgimento de brotos. Plante um vaso de açucena ou jacinto no inverno. Deixe-se absorver pelo crescimento lento e confiante das plantas. Inspire as lições verdes que elas nos ensinam sobre os ciclos das estações, da vida e da morte, bem como sobre a unidade dos elementos.

Seja amistoso com a natureza

Visite as árvores e os jardins em volta da sua casa. Caminhe pela mata. Aprenda o nome das flores e das plantas que crescem nas imediações. Vá a um parque. Tire um momento para sentar-se e refletir sobre as variedades aparentemente infinitas de plantas, sobre as maravilhas da natureza. Inspire e deixe que a sua mente seja tomada por pensamentos de abundância e fartura. Expire e livre-se de qualquer medo de estagnação ou limitação que porventura possa estar sentindo.

Adicione água

A água tem muito a nos ensinar sobre meditação. A água flui, não luta jamais. É flexível, porém persistente o bastante para desgastar pedras e entalhar continentes. O som da água caindo suavemente é tão tranqüilizador quanto uma cantiga de ninar. Pense na possibilidade de acrescentar uma pequena fonte ou um lago ao seu jardim.

"Sim, como todo mundo sabe, meditação e água estão permanentemente ligados."

— Herman Melville, *Moby Dick*

Dormir e despertar

Os mestres de conscientização ou reflexão falam com freqüência no "estado de vigília". Eles não estão se referindo ao simples ato de abrir os olhos pela manhã, mas sim descrevendo um estado de vivacidade que exige participação consciente. Nesse estado vivencia-se verdadeiramente a realidade da forma como ela se apresenta a cada momento, em oposição a um estado inconsciente com a mente nublada por preocupações, planejamentos e emoções irrefreadas.

A noite também oferece oportunidades para viver conscientemente. Quando a lua e as estrelas tomam conta do céu, é hora de reflexão e introspecção. Aproveite essa oportunidade para rever, sem julgar, a forma como passou o dia. Seus pensamentos e suas ações refletem seus valores e suas melhores intenções?

Ao reservar algum tempo no início e no fim do dia para ficar totalmente presente, você criará uma moldura sólida para a prática de conscientização. Você vai acabar descobrindo que, em vez de passar os dias "dormindo", está vivendo com os olhos verdadeiramente abertos.

Primeiros pensamentos

Faça a primeira meditação do dia antes de se levantar pela manhã. Comece observando as palavras e os sentimentos que passam pela sua cabeça ao despertar. O seu bate-papo interior acorda junto com você? Você já está fazendo as suas listas de compra, planejando reuniões e reanalisando conversas antes de colocar o pé no chão? Está agradecido pela bênção de mais um dia ou está resmungando mentalmente por ter dormido pouco demais?

Durante um momento, agradeça ao universo pela noite segura que acabou de ter e por ter um lugar quente e seco para dormir. Inspire e expire três vezes de modo consciente antes de fazer qualquer coisa. Concentre-se apenas no ar que está entrando e saindo do seu corpo. Se algum pensamento passar pela sua cabeça, comece de novo.

Não fique alarmado

O sobressalto causado pelo alarme de um despertador não é nada agradável. Compre um rádio-relógio e sintonize-o em uma estação que toca música suave. Ou então compre um despertador que emite um som agradável para que você possa despertar sem sobressaltos. Talvez você queira escrever uma afirmação ou um lembrete para acordar com gratidão numa folha de bloco autocolante e grudá-la no relógio ao lado da cama.

Que haja luz

Acordar implica fazer a transição da escuridão para a luz. Sempre que possível, faça com que essa transição seja gradual. Não acenda as luzes imediatamente, a menos que seja necessário. Tomar um banho na suave luminosidade da manhã, antes de acender a luz, pode ser uma medida tranqüilizante. Tente acender uma vela para acolher a luz novamente na sua vida.

Escreva desde o início

Comece o dia escrevendo livremente durante dez minutos. Nesse tipo de exercício você pode tanto dar ouvidos à sua voz interior quanto compor frases significativas. Depois de colocar a caneta sobre o papel, não pare — simplesmente, continue a escrever. Pense nessas páginas como um rio que leva suas preocupações, seus planos, seus velhos hábitos e seu bate-papo interior para longe, para um oceano vasto e distante. Apenas escreva e se liberte. Não julgue nem analise. Nem mesmo reescreva o que você escreveu por pelo menos duas semanas. Lembre-se de que essa é uma prática de meditação, e não literária!

Dez coisas maravilhosas

Antes de ir para a cama à noite, faça uma lista de dez coisas maravilhosas que aconteceram no dia que findou. Não procure apenas coisas grandiosas, como promoções no trabalho, realizações há muito aguardadas ou ganhos financeiros inesperados. Embora essas coisas sejam empolgantes e dignas de nota, é hora de refletir sobre os momentos que foram realmente maravilhosos. Trata-se dos momentos que você passou "vivo", momentos que cintilam. O majestoso céu estrelado que vislumbrou ao deixar o escritório. O modo como as sardas do seu filho pareciam dançar sobre o nariz dele e descer pelas bochechas quando ele riu da história que você contou. O aroma de madressilva que sentiu quando foi até a caixa de correio.

Na cama antes de dormir, você pode fazer uma lista mental ou tomar nota em um caderno. Pode até mesmo fazer uma lista em voz alta junto com a sua família, deixando que todos os membros compartilhem as coisas boas que aconteceram a eles naquele dia

Dormir e despertar

antes de lhes dizer boa noite. Você vai descobrir que, à medida que esse hábito for se estabelecendo, seus dias serão pontilhados por um número cada vez maior de momentos maravilhosos.

Quando o sono chegar

Analise seus pensamentos quando estiver na cama se preparando para dormir. Veja se consegue ficar presente o suficiente para perceber o momento em que cruza a ponte que separa o sono da vigília. (Mas não fique desanimado se não conseguir. Essa é uma prática cuja recompensa está no esforço; o objetivo raramente é alcançado — mesmo pelos mestres de meditação.)

Uma boa noite de sono

Dormir o suficiente é importante para uma vida consciente. A falta de sono reduz a atividade cerebral e a prontidão de modo geral. As pessoas que são privadas de sono não processam como deveriam a glicose, que fornece um importante combustível (energia) para o funcionamento do cérebro. Para estar verdadeiramente desperto, é preciso, primeiro, ter uma boa noite de sono.

VOLTA AO LAR

Sonhe

Quando sonhamos, entramos em outro nível de consciência — um nível que não devemos ignorar. Afinal de contas, passamos um terço da vida dormindo, e cerca de cinqüenta mil horas sonhando. As pesquisas mostram que o cérebro adormecido é tão ativo quanto o cérebro desperto, talvez ainda mais ativo.

Embora nem todo mundo concorde com a origem dos sonhos nem com o seu propósito, eles forneceram sabedoria e orientação para um número incontável de gerações. Desde o tempo dos antigos gregos, que acreditavam que os sonhos eram enviados pelos deuses, até o trabalho de Freud no século XX, que afirmava que os sonhos surgem de desejos reprimidos, os sonhos se apossaram da imaginação humana. Os psicólogos hoje em dia acreditam que sonhar é uma

Sonhe

maneira de regular a vida emocional. Quando sonhamos, processamos eventos que não estudamos na vida real. Analisamos quem somos e como nos sentimos em relação a nós mesmos.

À medida que ficar mais consciente durante o dia, você terá uma imagem mais clara dos seus sonhos, e o que pareciam ser histórias surreais sem significado aparente podem começar a falar diretamente para as

> *"A casa protege o sonhador, a casa permite que sonhemos em paz."*
>
> — Gaston Bachelard, *The Poetics of Space*

suas experiências. Às vezes essas histórias proporcionam descobertas instigantes.

Para entender o significado dos sonhos, em primeiro lugar é preciso lembrar-se deles. Embora o adulto médio apresente três ou quatro ciclos REM durante a noite, ou períodos de Movimento Rápido dos Olhos, quando ocorre a atividade onírica, muitos dizem que nunca sonham ou não conseguem se lembrar dos sonhos. Às vezes, lembrar-se dos sonhos é como tentar pescar no oceano com as mãos. Um movimento errado e os peixes fogem. Mas todo mundo sonha, e com um pouquinho de esforço qualquer pessoa pode lembrar-se deles.

Tenha um livro de sonhos

Os arqueólogos descobriram provas de que já no quinto ou sexto milênio a.C., os antigos assírios tinham "livros de sonhos". As inscrições encontradas em placas de argila descreviam sonhos que parecem surpreendentemente contemporâneos: sonhos relacionados com a morte, perda do cabelo ou dos dentes ou nudez em público. Mantenha o seu próprio diário de sonhos, anotando seus sonhos num caderno toda manhã. Sua mente consciente esteve ativa durante a noite, e as histórias e imagens que ela oferece podem ajudá-lo a ter uma perspectiva sobre problemas ou questões que surgem durante o dia. Se tudo o que você conseguir se lembrar for uma única imagem ou emoção, comece por aí. Você sabe que sonhou com a sua mãe, mas não sabe o que aconteceu. Tome nota apenas do que se lembrar. Você também pode escrever uma pergunta no seu caderno antes de ir dormir, e depois ver se obtém alguma resposta em sonhos. Seja paciente, pode ser que demore várias noites para receber uma resposta clara.

Sonhe

Faça uma almofada de sonhos

Se quiser aumentar a sua capacidade de se recordar dos sonhos ou da intensidade dos seus sonhos, uma almofada de sonhos pode ajudar. É fácil. Pegue um pedaço pequeno de tecido (a almofada só precisa ser do tamanho da sua mão). Escolha um tecido macio e durável, como algodão grosso, veludo cotelê ou flanela. Junte alguns retalhos de tecido ou algodão para fazer o enchimento. Depois, consulte um livro de plantas para selecionar algumas espécies. Algumas plantas têm fama de exercer poderes sobre os sonhos. Por exemplo, dizem que a artemísia e a alfazema produzem sonhos tranqüilos. Talvez você queira escolher plantas cujo aroma lhe agrada, como jasmim e lilás.

Corte o tecido em formato retangular, de lua crescente ou, se estiver se sentindo ambicioso, de estrela. Misture um punhado de plantas secas com os retalhos para suavizar e encher a almofada; depois, costure. Coloque a sua criação entre o travesseiro e a fronha. Você vai descobrir que o simples fato de confeccionar essa almofada vai fazer com que você fique mais atento aos sonhos, além de evocar sonhos mais coloridos, criativos e conscientes.

Mente Sã, Corpo São

JÁ NO SÉCULO IV A.C., quando Aristóteles afirmou que a mente existe independentemente do corpo, as duas entidades foram separadas. A divisão entre os planos físico e mental foi aprofundada no século XVII, quando Descartes declarou: "Penso, logo existo." Desde então, o pescoço tem servido de fronteira, separando a mente do corpo.

Os cientistas e filósofos atuais desafiam essa abordagem dualista. Pensadores metafísicos, como Deepak Chopra, ajudaram a popularizar a ciência que existe por trás da inter-relação entre corpo e mente, oferecendo uma perspectiva mais holística para a vida e a saúde. Estudos revelaram que a tensão emocional pode contribuir para o surgimento de doenças imunológicas e endócrinas. Os cientistas também provaram que as nossas crenças sobre dor física podem influenciar as sensações corporais, e que qualidades como otimismo, espontaneidade, eficácia mental e felicidade podem exercer um impacto positivo sobre a saúde física e a longevidade.

Ao mesmo tempo, comprovou-se que os exercícios físicos aliviam a depressão e a ansiedade, e que podem até mesmo ajudar as células nervosas no cérebro a se desenvolver, a fazer conexões melhores e a sofrer menos danos com o envelhecimento. Em conseqüência desses achados, grandes hospitais atualmente incorporam técnicas de meditação e relaxamento aos tratamentos de uma grande gama de doenças, de câncer a dores crônicas. Hoje em dia é quase tão comum um médico recomendar exercícios quanto prescrever medicação. Com tantas evidências de ligação entre a mente e o corpo, parece natural incluir atividades físicas numa prática de conscientização, bem como adotar uma abordagem consciente ao movimento.

> *"Manter o corpo saudável é uma obrigação... Caso contrário, não seremos capazes de manter a mente forte e lúcida."*
>
> — Buda

Exercite os músculos da alma

Hoje em dia, a maioria das pessoas sabe o que significa manter a forma física. Medimos a pressão arterial e ficamos atentos ao peso para saber se estamos mantendo o corpo em forma. Nem sonharíamos em ignorar o tipo de alimentação e a quantidade de exercícios que fazemos e esperar ser capazes de correr uma maratona ou até mesmo subir alguns lances de escada sem ficar sem fôlego. Mas é  exatamente isso o que fazemos quando se trata de manter a mente e a alma saudáveis. Temos diretrizes para nos manter fisicamente saudáveis, mas temos poucos princípios para nos manter saudáveis nos níveis mental e espiritual. Mesmo as pessoas que freqüentam regularmente um lugar de adoração, muitas vezes se esquecem do bem-estar espiritual e mental durante o resto da semana. No entanto, existem exercícios que, com a prática, podem desenvolver a capacidade de sentir alegria, contentamento e gratidão. Você pode aumentar a sua sensação de bem-estar do mesmo modo que pode aumentar o seu bíceps.

Não fique de mau humor

Se pelo menos o fato de remoer um problema produzisse bons resultados... Mas, na maioria das vezes, esse tipo de comportamento leva à estagnação. Em vez de meditar de forma produtiva sobre um problema, somos sufocados por ele. O antídoto pode ser tão simples quanto se levantar e andar. Imagine uma nuvem carregada de tempestade pairando num céu, em outros aspectos, claro. Agora, imagine um vento soprando a nuvem para longe. O movimento físico pode ter efeito semelhante sobre o mau humor. Da próxima vez que estiver remoendo um problema, coloque a sua música favorita e dance pela sala. Ou então pegue um ancinho e retire a camada de folhas do outono do jardim. Veja como a sua tempestade interior se dissipa.

Escolha o seu rosto

Há uma expressão que diz: "Seus pais criaram o seu rosto para os primeiros trinta anos; você criará o seu rosto para os trinta anos seguintes." Isso significa que herdamos a aparência dos nossos pais e avós, mas também somos responsáveis pelo rosto que mostramos ao mundo. Os pensamentos que passam pela sua mente todos os dias podem adicionar uma fagulha ao seu olhar ou retrair o seu sorriso. Se você repetir um pensamento com

Exercite os músculos da alma

bastante freqüência, ele se transformará em convicção. Uma convicção antiga pode se manifestar no corpo como uma ruga, uma postura ereta ou um andar curvado. Olhe-se atentamente no espelho. Que convicções consegue ler no seu rosto e no seu corpo? Está na hora de mudar os pensamentos sobre si mesmo e sobre a sua vida.

A imagem no espelho

Muitas vezes arrastamos o nosso corpo como se fosse um peso extra. Nós nos concentramos naquilo que não gostamos na nossa aparência. Em vez de aceitá-la, nós a julgamos. Mas o corpo faz parte de nós. Se não o amarmos, como poderemos realmente amar a nós mesmos? Da próxima vez que se olhar no espelho, preste atenção no que está pensando. São pensamentos positivos ou negativos? Olhe-se nos olhos e diga alguma coisa que quer acreditar sobre si mesmo. Diga a si mesmo como você é bonito. Como se sente? Provavelmente vai se sentir estranho no começo. Tente novamente. Diga a si mesmo alguma coisa positiva todas as vezes que vir a sua imagem refletida. Olhe dentro dos seus olhos e faça-se um elogio. Diga: "A minha beleza vem de dentro." Repita várias vezes. Em pouco tempo você vai acreditar nas suas palavras. Melhor ainda, elas vão se transformar em realidade.

MENTE SÃ, CORPO SÃO

Aprenda com os prós

Qualquer atleta sabe como é difícil acordar e correr até mesmo quando a temperatura está baixíssima. Um entusiasta da boa forma física sabe que as pequenas escolhas diárias são muito importantes: pedir batata assada em vez de batata frita num restaurante, estacionar o carro no ponto mais distante do estacionamento e andar um pouco mais ou preferir dar uma volta de bicicleta com os amigos a ir ao cinema. Uma vida mental consciente exige a mesma atenção com as escolhas diárias. Você pode praticar diariamente os princípios do pensamento positivo e, em todos os momentos, escolher o amor em vez do medo, e atender às necessidades da alma.

Pratique, pratique, pratique

Como é que um tenista profissional obtém êxito? Ele não vai para a quadra de tênis apenas no dia de um grande jogo para disputar um torneio. Ele pratica diariamente. Treina cada jogada isoladamente, até conseguir executá-la durante o sono. Por exemplo, ele joga várias vezes a bola de tênis no ar para analisar o peso e a velocidade que deseja imprimir no saque. Depois,

Aprenda com os prós

balança a raquete acima da cabeça e corta o ar diversas vezes antes de fazer isso com a bola. Quando reúne esses movimentos, eles estão imbuídos de nova graça, eficiência e força.

Para viver conscientemente é preciso isolar os padrões de pensamento e, depois, reuni-los de modo bastante semelhante. Comece meditando sem a intervenção de fatores de distração, para aperfeiçoar a arte do pensamento e da respiração conscientes. Depois de praticar diariamente, você vai descobrir que consegue afastar um pensamento de raiva que está se formando numa discussão com o seu filho com tanta facilidade como quando estava sentado na almofada durante um exercício de meditação. Depois de repetir meses a fio uma afirmação para ser paciente, gentil e amável, você vai reagir com calma e cabeça fria, intuitivamente, diante de um cliente irritado. Assim como um atleta treina para fortalecer os músculos e aumentar a capacidade aeróbica, você pode treinar para aumentar a sua capacidade mental para pensar de forma harmoniosa e consciente.

Imagine o sucesso

Os atletas olímpicos gastam quase tanto tempo treinando a mente para uma competição quanto o corpo. Visualização, formação de imagens mentais e rotinas de "prática" mental antes de uma competição são alguns dos métodos que eles utilizam para treinar o cérebro a reagir de forma apropriada quando começarem a se movimentar. Estudos revelam que a visualização detalhada de eventos físicos gera uma atividade cerebral semelhante à que ocorre durante o desempenho real. Com bastante freqüência, entretanto, exercitamos o fracasso mental. Imagine o seu sucesso diante de qualquer tarefa. Visualize a cena do seu bom desempenho com a maior riqueza de detalhes possível.

Faça alongamento mental

Um corredor faz alongamento muscular com o intuito de preparar as pernas para dar passadas maiores. Do mesmo modo, a prática da meditação ajuda a fazer um alongamento mental. Ao meditar, você expande as suas capacidades mentais, aumentando o espaço entre os pensamentos e se concentrando no momento presente entre um pensamento e outro. Conseqüentemente, atinge estados mais profundos de consciência. Você também pode alongar a mente, levando em consideração outros pontos de vista. Leia um livro sobre um assunto novo, que você nunca explorou antes. Assista a um filme que o desafia a pensar com mais profundidade.

Aprenda com os prós

Fortaleça o coração

A atividade aeróbica desenvolve a capacidade que o coração tem de bombear sangue para as outras partes do corpo. Um sistema cardiovascular forte ajuda a aguçar a mente, aumentando o fluxo sangüíneo para o cérebro. Em outro nível, pode-se usar os exercícios aeróbicos com a finalidade de aumentar a capacidade do coração espiritual para a compaixão, o amor e a bondade. Ao deixar a academia de ginástica, procure modos de exercitar os músculos da bondade ajudando o próximo. Ajude alguém a carregar as sacolas de compra. Deixe que outra pessoa fique com o primeiro táxi que passar — mesmo que você esteja esperando há mais tempo.

A postura é importante

A postura é importante para o esporte e também para a reflexão. Uma boa postura física contribui para uma mente mais clara, pois abre as vias respiratórias e melhora a circulação. Quando você fica encurvado, a sua caixa torácica fica comprimida, cortando o fluxo de oxigênio para o cérebro e produzindo cansaço. Uma postura melhor também pode influenciar o modo como os outros o vêem e como você se vê. Exercícios como yoga e qi gong combinam técnicas de respiração com alinhamentos posturais para ajudar a cura e a transformação.

Comece com um simples rolar de ombros para ajudá-lo a ficar em pé e a se sentar um pouco mais ereto. Sente-se com o tórax aberto, o pescoço relaxado e esticado e os ombros para trás e para baixo. Agora, role os ombros para a frente, até as orelhas, e depois para trás, de modo que fiquem para baixo e as escápulas sejam ligeiramente empurradas na direção uma da outra. Repita esse exercício várias vezes, terminando com os ombros para trás e para baixo. Isso deixa o tórax aberto e relaxado. Agora, verifique a sua postura mental. Você está sustentando valores que deseja imitar ou está tendo pensamentos negativos?

Fique no presente

Quando você está em sintonia com o corpo, fica um pouco mais próximo do momento presente. Veja como se sente da sola dos pés ao couro cabeludo. Você pode fazer isso praticamente em qualquer lugar — sentado no trabalho, deitado na cama ou dirigindo. Comece com os pés e preste atenção em todas as partes do corpo. Tensione os pés e, depois, relaxe lentamente. Suba devagarinho, fazendo o mesmo com os tornozelos, as batatas da perna, os joelhos, as coxas, a parte inferior da barriga e assim por diante. Continue a respirar quando notar algum desconfor-

Aprenda com os prós

to ou tensão. Quando inalar, imagine que o ar está entrando para massagear qualquer dor ou desconforto. Exale e libere a tensão. Sinta os pensamentos se acomodarem e o seu *stress* se dissolver à medida que entrar no momento presente.

Tome o pulso

Entre numa academia de ginástica e observe que, de tempos em tempos, as pessoas param e colocam dois dedos no punho ou no pescoço para verificar a pulsação. Essa é uma boa medida. Do mesmo modo, você precisa parar e tomar o pulso da sua alma. Escolha um som ou sinal que você ouve em intervalos aleatórios durante o dia. Se trabalha na frente de um computador, provavelmente recebe um sinal sonoro ou visual quando chega um e-mail na sua caixa postal. Toda vez que ouvir esse som ou que vir esse sinal, respire fundo e observe seus pensamentos e sentimentos. Veja se está relaxado, aberto e em paz. Liberte-se de qualquer tensão ou preocupação à medida que soltar o ar. Quando inspirar novamente, afirme que o bem está fluindo para você de várias direções.

Exercício integrado

No Ocidente, desde o início da década de 60, os exercícios orientais, como yoga, tai chi, karatê e qi gong, ganharam popularidade. Talvez isso se dê, em parte, porque eles buscam não apenas exercitar o corpo, mas também integrar os princípios espirituais e a respiração consciente. Você pode explorar essas artes físicas ou simplesmente adotar alguns dos princípios da unidade psicossomática na sua própria rotina de exercícios físicos. Use o tempo que você usa para malhar para abordar a sua fonte — seja como for que você a defina. Faça perguntas relevantes e ouça as respostas.

Equilibre seus exercícios

Tai chi é um sistema de exercícios que busca equilibrar os princípios do yin e do yang. Trocando em miúdos, yin e yang são princípios complementares encontrados na natureza: macio e duro, feminino e masculino, frio e quente. Quando devidamente equilibrados, esses aparentes opostos fluem juntos para criar um sentido de unidade e plenitude. Seja qual for o tipo de aptidão física que adotar, observe se ela aborda o seu ser como um

Exercício integrado

todo. Se você faz apenas levantamento de pesos, pense na possibilidade de acrescentar uma atividade mais suave, como natação, à sua rotina. Se um jogo de *squash* ou *badminton* na hora do almoço for a sua principal fonte de exercícios físicos, tente alternar essas atividades com uma aula de yoga ou com uma sessão de alongamento.

Exercite a mente enquanto exercita os músculos

Em vez de ler uma revista ou de assistir televisão enquanto faz esteira, use esse tempo para meditar e refletir. Uma forma de meditar consiste em deixar a mente divagar livremente por quaisquer pensamentos e sentimentos que porventura aflorem. Observe seus pensamentos sem julgá-los. Perceba que está pensando, mas não tente direcionar a mente.

Outra opção é usar o tempo de malhação para concentrar a mente numa frase inspiradora ou num valor que você gostaria de integrar à situação com a qual vem se debatendo. Por exemplo, se estiver enfrentando dificuldades num relacionamento pessoal, talvez você queira meditar sobre o significado do perdão. Visualize o seu coração emocional se expandindo à medida que o seu coração físico fica mais forte.

Yoga significa união

O nome yoga deriva de uma palavra em sânscrito que significa união com o divino. Hatha-Yoga, o ramo da yoga que consiste em posturas físicas, ou *asanas*, tornou-se a forma mais popular de yoga praticada nos países do Ocidente. Outras formas de yoga

procuram servir o espírito divino e buscar o conhecimento transcendental. Pesquisas modernas revelam que a yoga, uma prática que tem cinco mil anos, pode intensificar o relaxamento, aumentar a concentração e reduzir a quantidade de substâncias químicas no cérebro que causam ansiedade.

A respiração consciente é importantíssima para qualquer tipo de yoga. Independentemente de fazer aulas de yoga ou não, você pode obter alguns benefícios da yoga aprendendo os princípios básicos da respiração que ela emprega. Tente fazer com que a expiração seja ligeiramente mais longa do que a inspiração. Tente fazer isso sempre que se sentir estressado ou simplesmente quando precisar centrar a mente e o corpo. Seja qual for o tipo de exercício que você deseja fazer, tente transformar a respiração numa parte mais consciente da sua atividade.

Exercício integrado

Valorize o seu corpo

É muito comum as pessoas não darem valor ao próprio corpo. E quando realmente prestam atenção ao aspecto físico, é com o propósito de "melhorar" o corpo malhando, fazendo regime ou se arrumando. Passe algum tempo verdadeiramente apreciando o seu corpo. Invente alguma desculpa para curtir a sua sensualidade e se entregar aos prazeres. Se estiver indo para a academia, coloque na sacola uma colônia para todo o corpo e use-a para se refrescar depois de malhar. Reserve algum tempo para uma sauna ou banho de vapor depois de uma rotina de exercícios. Quer esteja levantando pesos ou correndo para tomar o ônibus, curta a sensação dos membros se movendo. Sinta suas coxas, seu estômago, sua pele.

Outro "barato"

O escritor Harold Kushner diz que fazer o bem é o equivalente espiritual de uma descarga de endorfina. Você pode fazer a sua rotina de exercícios físicos reforçar a sua intenção de viver uma vida mais consciente dando a ela um propósito maior. Inscreva-se numa prova de caminhada ou corrida para levantar dinheiro para a sua instituição de caridade favorita, e desfrute o "barato" da descarga espiritual de endorfina.

MENTE SÃ, CORPO SÃO

Caminhadas

Você já notou como, dos tempos bíblicos até os dias de hoje, os profetas e sábios sempre percorrem longas distâncias? Moisés atravessou o deserto, os budistas tibetanos caminham e entoam cânticos e Gandhi fazia marchas pela paz. O ato de colocar um pé na frente do outro parece ter uma dimensão espiritual. Certamente existem provas de que andar acalma a mente.

Uma das razões pelas quais caminhar pode proporcionar uma sensação de plenitude é que o movimento oposto de balanço do braço direito e da perna esquerda, seguido pelo balanço do outro braço e da outra perna, exercita os dois hemisférios do cérebro num ritmo harmonioso. Mas seja qual for a explicação fisiológica, ao incorporar a caminhada consciente à sua vida você aumenta a sua capacidade de se sentir sereno e centrado. Você pode obter os benefícios da caminhada seja passeando nas estradas do interior, percorrendo as ruas da cidade ou fazendo esteira.

Caminhadas

A pé

Quando estiver caminhando, seja do carro até a porta de casa ou de casa até a cidade, não pense apenas em chegar ao seu destino. Em vez disso, pense em cada passo que der como uma ação concluída. Faça de cada passo um movimento completo. Coloque o calcanhar no chão e sinta cada centímetro do pé tocando o solo. Sinta o passo terminar à medida que retira os dedos do chão e começa o passo seguinte.

"Nem todos os que caminham sem destino certo estão perdidos."

— J. R. R. Tolkien, *O Senhor dos Anéis*

A fonte borbulhante

Existe um ponto na planta do pé que os acupunturistas chamam de "fonte borbulhante". Acredita-se que uma pressão exercida nesse ponto, situado no centro da sola do pé, ajuda a aliviar a pressão. Ao caminhar, você massageia naturalmente esse ponto a cada passo. Faça uma caminhada de 20 a 30 minutos e sinta a agradável mudança no seu humor.

Decore um poema enquanto passeia

Escolha uma prece ou um poema inspirador e decore enquanto caminha. (Poemas que rimam ou têm uma estrutura clara são mais fáceis de serem memorizados.) Uma boa maneira de fazer isso é escrever as primeiras frases ou a primeira estrofe numa folha de bloquinho autocolante, outra estrofe em outra folha e assim por diante. Coloque as folhas uma em cima da outra e grude-as na garrafa de água. Enquanto faz *cooper*, caminha ou usa a esteira ergométrica ou o *stepper*, repita mentalmente a primeira estrofe até decorá-la. Retire a primeira folha e comece a repetir a estrofe seguinte. Logo você terá uma biblioteca mental inspiradora. Agora você poderá meditar sobre qualquer um desses poemas ou preces sempre que quiser.

Uma palavra de cada vez

Outro excelente modo de meditar em movimento consiste em concentrar a mente num poema ou numa prece, uma palavra por vez. Diga mentalmente uma palavra e espere que a mente procure associações com ela. Deixe que as camadas de significado ressoem dentro de você como o som de um sino. Passe lentamente de palavra em palavra. Você pode passar facilmente vinte minutos ou meia hora na esteira, na piscina ou fazendo *cooper*

Caminhadas

usando esse exercício mental. Quando terminar, vai sentir uma profunda sensação de calma, à medida que a sabedoria das passagens selecionadas for absorvida no seu ser de uma nova maneira.

Rotina de sonho

A caminhada matinal é a hora ideal para meditar sobre o sonho da noite que passou. Repasse o sonho mentalmente. Preste atenção nos sentimentos que lhe afloram durante esse processo. Analise o sonho como se todas as pessoas que participaram dele fossem uma parte de você. O que o seu subconsciente pode estar tentando lhe dizer?

Planejamento das refeições

Não é preciso que os cientistas nos digam que os alimentos que ingerimos podem afetar o nosso estado de espírito, mas alguns estudos estão reforçando o mérito dessa sabedoria comum. Veja como você se sente depois de um café da manhã pesado. Você pode se sentir lerdo durante toda a manhã, como se a sua mente estivesse nublada. Isso acontece porque os alimentos ricos em carboidratos aumentam o suprimento de aminoácido triptofano, que age como um sonífero natural. Além disso, o organismo tem dificuldade para processar alimentos pesados, sobretudo gorduras. Conseqüentemente, a digestão desses alimentos consome uma grande quantidade de energia. Se você comer uma salada de frutas com iogurte e até mesmo ovos mexidos, vai se sentir mais leve e com a mente mais lúcida, com maior capacidade de concentração. Refeições ricas em proteínas e pobres em carboidratos vão ajudá-lo a estimular a sua capacidade mental e a mantê-lo alerta. Ao escolher o que vai comer, leve em consideração o horário do dia e as tarefas que tem pela frente. Selecionando alimentos desse modo, você vai se sentir física e mentalmente em forma.

Planejamento das refeições

Coma e seja feliz

Quando decidir o que vai comer durante o dia, escolha proteínas: elas elevam os níveis do aminoácido tirosina, que o organismo usa para produzir as substâncias químicas energéticas liberadas pelo cérebro. Acredita-se que uvas passas, maçãs e castanhas, ricas em boro, aumentam o nível de atenção e a memória. Alguns alimentos até mesmo melhoram o humor. Os ácidos graxos ômega-3, encontrados no salmão e no atum frescos, na sardinha, no óleo de linhaça e de nozes, ajudam a combater a depressão e melhoram as funções cerebrais. Alimentos ricos em carboidratos são bons para uma refeição da noite. Eles ajudam a mente a relaxar e a ficar preparada para o sono.

A quantidade de alimentos ingeridos também influencia a capacidade que a mente tem de funcionar no seu nível mais elevado. De acordo com o National Institute of Aging norte-americano, uma dieta de 1.800 a 2.000 calorias por dia, dependendo do porte físico, é ideal para o melhor desempenho das funções cerebrais. Quando a ingestão de calorias é mantida por volta desse nível, as células cerebrais aumentam a produção de certas proteínas, que, por sua vez, ajudam no funcionamento dos neurônios.

Líquido para a mente

O cérebro é composto por cerca de 90% de água — uma porcentagem maior do que de qualquer outro órgão do corpo humano. A água transporta oxigênio para todas as células, inclusive para as células do cérebro. Assim como os atletas são estimulados a beber bastante água antes, durante e depois de uma competição, as pessoas que querem melhorar o desempenho mental também se beneficiam dessa medida. Mantenha uma garrafa de água mineral no carro, na mesa de cabeceira ou na mesa de trabalho. Beberique a toda hora.

Outras bebidas também podem influenciar o estado mental. Um copo de leite morno com uma pitada de noz-moscada ajuda a acalmar a mente. Chá de hortelã ajuda a acabar com a tensão. A hortelã relaxa os músculos — e no que se refere a relaxamento, a mente segue o comando do corpo. Se quiser sentir-se mais alerta, uma xícara de chá verde, que contém uma quantidade pequena de cafeína, pode ajudar.

Alimento espiritual

Todo mundo conhece os sintomas da fome física: pontadas e sensações distintas indicam claramente que o organismo precisa de alimento. Sinais claros também são observados quando

Planejamento das refeições

não alimentamos a mente suficientemente. Insônia, irritação excessiva e sentimento de solidão são sinais de fome espiritual. Observe seus sentimentos. Eles podem ser um sinal de que você precisa saciar outro tipo de fome.

Alimentação adequada

Uma boa alimentação consiste nas quantidades apropriadas de vitaminas e sais minerais. Para manter a saúde mental e espiritual, certifique-se de que está consumindo as Quantidades Diárias Recomendadas de inspiração. Abasteça o seu criado-mudo com livros de poesia ou com histórias de pessoas que batalharam para alcançar um bem maior. Leia algumas páginas antes de dormir e antes de se levantar pela manhã. Procure conversar com pessoas cuja vida o inspire a viver de acordo com os seus ideais.

Jejum e alimentos

Diversas práticas espirituais exigem que seus seguidores jejuem. No taoísmo, os discípulos são solicitados a fazer jejum não de alimentos, mas de pensamentos, conceitos e palavras, para limpar e refrescar a mente. A meditação é uma forma de jejum de pensamentos. Pode-se também reservar um dia para fazer jejum de queixas ou de outro hábito mental negativo.

As Pessoas com Quem Convivemos

Há uma antiga história budista sobre um homem que sobe no topo de uma montanha distante para estudar com um monge sábio. Depois de praticar meditação durante anos e, aparentemente, ter alcançado a iluminação, ele volta para a sua aldeia. No caminho, passa pela casa de uma camponesa que está lavando roupas. Ao esvaziar a tina, a camponesa sem querer lhe espirra água suja. O homem fica irritado. Ele precisa voltar ao topo da montanha. Anos mais tarde, sente que finalmente atingiu a iluminação. No caminho da aldeia, passa novamente pela casa da camponesa. E, novamente, ela lhe espirra água suja. Ele fica irritado novamente e, mais uma vez, retoma a prática de meditação.

Por mais difíceis que tenham sido os anos de solidão e estudo desse homem que queria trilhar o caminho espiritual, era ainda mais difícil enfrentar as realidades mundanas do cotidiano. Esse é um desafio comum. É muito difícil ficar no momento presente. Você reúne todos os seus esforços, medita, respira, pratica. Por fim, chega à Terra Prometida da aceitação.

"Fazei com que eu procure mais dar do que receber, mais amar do que ser amado, mais consolar do que ser consolado."

— São Francisco de Assis

Você decidiu observar a raiva passar como uma nuvem carregada de tempestade, em vez de agarrá-la e embarcar nela. Então volta para casa e descobre que a sua mulher deixou a pia cheia de louça suja, ou que sua filha se recusa a sair da cama quando o ônibus escolar está prestes a chegar. Você se sente frustrado. A sua serenidade desaparece.

Agora nós compreendemos por que os monges buscam a solidão. Esse é o modo mais fácil, talvez o único, de manter a paz perfeita. Mas o fato é que dividimos este planeta com mais seis bilhões de habitantes. Conviver com outras pessoas, quer elas compartilhem ou não o nosso objetivo de viver uma vida consciente, pode ser a nossa tarefa mais difícil, e também a mais importante.

Mantendo-se em sintonia

Um aspecto importante para se manter espiritualmente em sintonia consiste em reconhecer o contexto mais amplo da vida. Existem diversos modos de fazer isso. Uma maneira simples é sentar-se tranqüilamente e concentrar-se nos pensamentos desse momento e em nada mais, apenas o tempo que leva para inspirar e expirar. Agora pense na hora que passou e em tudo o que aconteceu nesse período. Amplie a sua visão interior para o dia de ontem, depois para a semana, o mês e o ano que passou. Reflita brevemente sobre a sua vida até a data de hoje. Quanto tempo se passou? Trinta anos? Quarenta? Cinqüenta? Houve incontáveis minutos, horas, semanas, meses e anos ao longo do caminho, e cada um, na época, parecia ser muito importante.

Pense nos seus pais e avós. Mentalizando três gerações, é difícil imaginar todos os momentos que foram vividos por todas essas pessoas. Mas continue. Seus avós também tiveram pais. E os pais deles também. Deixe que a mente volte o máximo que puder ao passado, geração por geração. Tantas pessoas das suas relações viveram e morreram, lutaram, venceram e fracassaram de várias maneiras. Civilizações inteiras, na verdade, surgiram e desapareceram.

Agora, concentre-se novamente na respiração. Inspire e expire. Olhe para o futuro. Se tiver filhos, imagine os filhos que eles terão ou já tiveram. Se não tiver filhos, imagine algumas crianças que você conhece. Mentalize-as crescendo e tendo seus próprios filhos, e os filhos dos filhos delas, e assim por diante. Retome novamente a respiração. Reconheça a importância da sua vida, o seu caráter sagrado, mas tente também visualizar a si mesmo como um elo na corrente que se estende para trás e para a frente até o infinito.

Todo minuto conta. Toda decisão que tomamos afeta gerações. E, no entanto, daqui a três gerações os detalhes desse período da vida terá sido esquecido. Essa mistura de auto-importância válida e humildade verdadeira representa um paradoxo que vale a pena abraçar. Uma vida não passa de um momento no fluxo da eternidade. Porém, esse exato momento de conexão com as gerações que nos antecederam

Mantendo-se em sintonia

e com as gerações que estão por vir é o mais importante de todos.

Levante a história da família

Pegue uma folha grande de papel e marcadores coloridos e faça uma árvore genealógica. Além da simples genealogia, use essa árvore para traçar o histórico dos princípios segundo os quais você foi criado. Escreva uma citação ou ditado que resuma a filosofia de vida de cada parente embaixo do respectivo nome. A citação de tia Dorothy pode ser a frase que ela repetia todos os domingos quando lhe dava um beijo de despedida depois de sua visita semanal. Ela costumava dizer: "Dê sempre o melhor de si." Tio Fred podia não falar muito, mas era gentil, apesar de pessimista. Sua mensagem silenciosa era: "Os bons nunca vencem."

Coloque o maior número de nomes e citações que puder. Depois leia e veja quais as convicções que você herdou. Tem algum parente a quem você possa recorrer quando precisar de inspiração? Há alguma tendência forte na sua família para mensagens ruins e negativas? Pode ser que você encontre convicções que gostaria de abandonar. Mentalize a figura do tio Fred e diga-lhe que não há problema algum em ser um bom sujeito.

Observe-o endireitando o corpo; faça o mesmo. Quando fizer esse exercício, você vai identificar convicções proveitosas e padrões de pensamento negativo que, inconscientemente, lhe foram passados. Pode ser também que desenterre alguns modelos de comportamento espiritual na sua própria família.

Faça um brasão da família

Além de vestirem armadura completa, os cavaleiros medievais usavam um escudo de armas quando guerreavam. Esse símbolo extremamente decorado incluía um timbre e um lema, símbolos e ditos que lembravam os cavaleiros do seu propósito. Faça o brasão da família para afirmar os valores e as convicções que você mais preza. Esse exercício exige uma discussão cuidadosa e criatividade; portanto, prepare-se para trabalhar nele durante algum tempo.

Comece desenhando a forma de um escudo numa folha grande de papel ou cartolina. Divida o escudo em seções, traçando uma linha no meio no sentido horizontal e duas linhas verticais de cima a baixo. Desse modo, você terá seis seções para preencher. Na primeira, desenhe uma figura que represente um valor que a sua família preza, como um leão, para simbolizar força, ou um pássaro para representar a liberdade. Em outra

Mantendo-se em sintonia

seção, desenhe uma série de figuras que representem os pontos fortes de cada membro da família: uma máscara risonha para o membro engraçado, uma colher e um garfo para o membro que ajuda a alimentar outros, e assim por diante. Use outra seção para representar um valor comum que a sua família aspira. Pode ser envolvimento com a comunidade, crescimento espiritual ou união familiar. As outras seções podem ser usadas para ilustrar as raízes dos seus ancestrais e os sonhos para as gerações futuras.

Reserve a última seção do escudo para o lema da família. Pode ser uma frase ou apenas palavras soltas que resumam os objetivos e valores coletivos — "União, Desvelo e Solidariedade", por exemplo. Seja bastante criativo. Depois que tiver criado o brasão da família, use-o como motivo de um tapete ou uma colcha, pinte-o em uma tela para emoldurar e pendurar num local bem visível ou copie em um álbum de família.

Ajude o próximo

A prática da conscientização ou da reflexão parece produzir naturalmente um sentimento de conexão com todas as pessoas e com todos os seres vivos. As borbulhas das nossas fontes interiores de solidariedade emergem na superfície. Para tornar a solidariedade parte da sua prática de conscientização, elabore um

AS PESSOAS COM QUEM CONVIVEMOS

calendário de "Ajuda ao Próximo". Coloque lembretes para si mesmo, para realizar algum trabalho voluntário, fazer uma doação para uma instituição de caridade, escrever uma carta ao editor de um jornal ou ajudar uma comunidade carente. Estimule os amigos ou membros da sua família a participar.

Forme uma comunidade

As pessoas falam em comunidade como se houvesse um grupo preexistente de pessoas com as mesmas opiniões que se ajudam mutuamente, e apenas fosse preciso encontrá-lo. Na maioria das vezes, entretanto, é necessário criar esse grupo. Pense na possibilidade de iniciar um grupo próprio. Não precisa ter nada a ver com uma vida consciente. Sempre que um grupo de pessoas se reúne por determinado período, existe a possibilidade de haver ajuda, cuidado e apoio mútuo. Inicie um grupo de pais, um grupo de leitura, um grupo de homens ou mulheres, um coral comunitário, um círculo de tricô ou um clube de culinária. Coloque um anúncio na biblioteca ou no centro comunitário local e forme um grupo de meditação ou de estudos. Aproveite essa oportunidade para formar uma comunidade na sua vida — conscientemente.

Ouça com atenção

Existe uma habilidade de conscientização capaz de melhorar o seu relacionamento com os outros que pode ser exercitada praticamente em todos os momentos do dia. Na verdade, você faz isso durante todo o tempo sem perceber. Experimente, de agora em diante, fazer isso de forma consciente: ouvir. Escutar e ouvir não são necessariamente a mesma coisa. Estudos revelam que logo depois de ouvir alguém falar, a maioria das pessoas só se lembra da metade do que foi dito. Além de ser um instrumento essencial para uma comunicação eficaz, ouvir com atenção pode ajudar a aliviar o *stress* e melhorar os relacionamentos.

Comece a ouvir neste instante: uma sirene distante, o vento soprando lá fora, o chiado do computador ou o zumbido do refrigerador. Você pode ouvir o som de vidas sendo vividas à sua volta: portas se fechando, pombos arrulhando, o cachorro do vizinho protestando contra a solidão. Quando ouve mais atentamente, você consegue escutar sons no silêncio. Ouvir com os ouvidos, com o coração e com todo o seu ser é uma forma de ser receptivo. Quando ouvir verdadeiramente, você se sentirá permeável, aberto e relaxado.

A sua voz autêntica

Há um modo de saber se o que você está ouvindo é a sua própria voz ou a voz do seu ego. Se a voz o estiver incitando a ser tranqüilo, a ser positivo, trata-se do seu eu autêntico. Se estiver reclamando, querendo mais ou desejando o mal para alguém, trata-se do seu ego. Peça-lhe para abaixar o volume. Diga-lhe para dar um tempo — mais tarde você lhe dará atenção.

"A única voz de Deus é o silêncio."
— Herman Melville

A arte de ouvir

Coloque uma fita ou CD e instale-se confortavelmente no sofá. Não faça nada, apenas ouça. Se a sua mente divagar, conduza-a calmamente de volta à música. Ouça cada nota sem antecipar a seguinte. Pode ser bom concentrar-se num único instrumento. Imagine que está deslizando sobre a música como um surfista desliza sobre as ondas do mar, subindo e descendo em perfeito equilíbrio, de acordo com a melodia. Outras maneiras de praticar a arte de ouvir são aprender a tocar um instrumento, aprender o pio das aves ou um novo idioma.

Ouça com atenção

Som reconfortante

Nosso ambiente está sempre cheio de ruídos: a TV ligada num programa que ninguém está assistindo, a música que sai dos alto-falantes da loja, anúncios, pessoas falando em telefones celulares ou discutindo na porta ao lado ou na mesa do lado. Preste atenção nos sons ao seu redor. São sons desagradáveis que podem ser eliminados? Ligue um ventilador para neutralizar aqueles cujo volume você não pode abaixar mas você quer isolar. Coloque uma música de fundo suave (o som de instrumentos como harpa e piano pode ser particularmente relaxante).

Acabe com o bate-papo interior

Às vezes, não ouvimos o que o interlocutor está falando porque estamos ocupados demais com o nosso bate-papo mental. Ficamos imaginando como está a nossa aparência, planejando o que dizer em seguida ou julgando o que a pessoa acabou de falar. Tudo isso pode ser comparado a um ruído branco interior. Olhe nos olhos do interlocutor. Tire o som da TV, desligue o rádio e assuma uma postura receptiva. Descruze os braços e incline-se ligeiramente na direção da pessoa que está falando. Tocar o braço ou o ombro dela durante a conversa também pode ajudar a concentrar a sua atenção no que está sendo dito.

Faça revezamento

Exercite a arte de ouvir com as pessoas mais chegadas, como o parceiro, um filho adulto ou um amigo. Esse é um bom exercí-

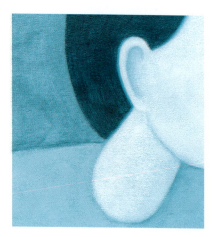

cio para fazer quando duas pessoas estão tentando resolver um problema juntas, sobretudo um problema de difícil solução. Enquanto um fala o outro ouve, sem interromper. Quem está com a palavra tem até três minutos para expor suas idéias. Se possível, use um cronômetro ou outro dispositivo para marcar o tempo e anunciar o término no período determinado com um sino ou som. Outra alternativa é quem ouve marcar o tempo no relógio. A sua obrigação é ouvir sem fazer julgamentos nem formar uma réplica mental. (Não se surpreenda se achar difícil esse exercício.)

Quando o tempo de quem está com a palavra terminar, a outra pessoa diz o que ouviu sem fazer comentários. Ela não emite opinião, não analisa nem julga — apenas resume o que foi dito. Em seguida, os papéis se invertem. Depois disso, cada um tem mais dois minutos para comentar o que foi feito. Lembre-se, seu objetivo é fazer observações, e não impor o seu ponto de vista. Não é hora de entrar em discussões; é hora apenas de ouvir um ao outro. De quebra, você vai descobrir que adquiriu uma nova visão do problema, o que vai ajudá-lo a resolvê-lo mais tarde.

Palavras amáveis

Repare na sua reação quando recebe um elogio ou ouve "Eu te amo". Você reage como se estivesse numa quadra de tênis e tivesse acabado de receber um lance do adversário, tentando de todas as formas rebater a bola? O seu filho diz "Eu te amo" e você, sem pestanejar, diz "Eu também te amo". Uma colega de trabalho diz "Gostei da sua roupa", e você responde "Você também está ótima". Ou, numa variação do mesmo tema, você muda de assunto. "Obrigada pelo jantar delicioso", diz a sua mulher, e você responde "Imagina!" Você realmente ouviu o cumprimento ou as palavras elogiosas? Provavelmente não. As palavras dançaram na sua consciência sem efeito algum.

Mude de atitude. Quando alguém lhe disser "Eu te amo" ou lhe fizer um elogio, não fique pensando se merece ou não, se existem segundas intenções ou se as palavras são sinceras. Sinta o calor da mensagem. Absorva as palavras amáveis como se fossem um sol de setembro, uma massagem gostosa, o aroma da primavera. Expire e diga "Obrigado".

Bons conselhos

Quando um amigo o procura com um problema, você imediatamente tenta pensar numa maneira de solucioná-lo? Fica dando conselhos mesmo enquanto ele está falando? Quando der conselhos, deixe o momento presente para trás. Mas, quando ouvir, fique no momento presente e responda com empatia e compreensão. Assim como você tem um poço profundo de sabedoria que pode acessar com maior facilidade quando mergulha no momento presente, o mesmo acontece com seu amigo ou ente querido. Ouvir com compreensão, e não dar conselhos, é a melhor resposta à necessidade de um amigo.

Do que você está falando?

Diz uma velha história que um homem se aproximou de um mestre sábio e confessou que tinha espalhado boatos. Arrependido, pergunta como poderia reparar o seu erro. O mestre diz: "Leve um travesseiro de penas para um campo, abra-o e solte as penas." O homem obedece e volta a procurar o mestre. "Agora", diz o mestre, "você precisa fazer mais uma coisa." O homem diz que está preparado para fazer o que for necessário. O mestre diz-lhe então: "Vá até lá e recolha todas as penas."

Falar é um ato tão natural para nós que muitas vezes não prestamos atenção no que dizemos nem no poder das nossas palavras. Uma conversa pode adquirir vida própria. Inconscientemente, espalhamos boatos, geramos rumores, magoamos outras pessoas e manchamos reputações. As palavras não podem ser retiradas. Elas são como as penas da história. Assim como as pedrinhas atiradas num lago, elas formam ondas que vão bem longe de onde estamos. Raramente ficamos sabendo o alcance das nossas palavras e o mal que causaram.

Ouça as suas palavras

No fundo, conhecemos o poder das palavras. A Bíblia afirma que Deus disse "Que haja luz", e houve luz. Falamos que o valor de um homem se mede por suas palavras. Dizem que as bruxas jogam feitiços com palavras mágicas. Observe a natureza dos seus comentários. Você está fazendo queixas, elogios, fofocas, comentários construtivos, jogando conversa fora, falando sobre amenidades? Sobre o que está falando? Você acredita no que diz? Quer acreditar? Projeta seus pensamentos positivos no universo com as suas palavras ou carrega a atmosfera de negatividade? Essas são as palavras que você quer liberar para o mundo? Experimente fazer o seguinte: para cada queixa que fizer, tente dizer duas coisas boas. Trate as suas palavras como se elas fossem dotadas de poder e escolha-as com cuidado.

Pare de fofocar

Queremos acreditar que as histórias que contamos sobre outras pessoas são apenas fofocas sem importância. Mas as fofocas raramente são inofensivas. Imagine que você é uma mosca na parede de uma cozinha qualquer e que está ouvindo o que estão falando sobre você. Até mesmo uma conversa aparentemente

Do que você está falando?

inócua, quando você é o assunto que está sendo discutido sem o seu conhecimento, parece desrespeitosa. Escolha um dia da semana para não fazer fofoca. Marque-o na folhinha.

Parceiros silenciosos

Às vezes, o melhor modo de ter consciência de um hábito ou comportamento é tentar abandoná-lo. Experimente participar de uma atividade com o seu cônjuge em silêncio. Escolha uma atividade para vocês fazerem juntos sem falar. Pode ser jardinagem, limpeza da casa, o preparo de uma refeição ou a pintura da cozinha. Veja como é ficar em silêncio ao lado de outra pessoa.

AS PESSOAS COM QUEM CONVIVEMOS

Terreno emocional

Talvez uma das razões pelas quais é mais fácil manter uma postura consciente — em vez de ausente — durante a meditação seja o fato de estarmos sozinhos. Quando retornamos ao mundo da cooperação, do comprometimento e da competição, muitas vezes a nossa serenidade desaparece. Nos relacionamentos íntimos, as nossas emoções, chamadas de "positivas" e "negativas", tendem a se intensificar.

Perceba o que acontece quando você está tomado de emoção, seja raiva, tristeza ou alegria. Quando experimenta emoções extremas, a sua equanimidade — a capacidade de afastar os pensamentos e permanecer no momento presente de modo lúcido e consciente — desaparece. Preste atenção em si mesmo na próxima vez que ficar irritado. Quem ou o que está guiando os seus atos? Pode ser que você se sinta como se tivesse sido apanhado por um furacão. É importante extrair informações das emoções sem se deixar levar por elas.

Terreno emocional

Como equilibrar as emoções fortes

Os praticantes de conscientização ou da reflexão costumam tratar as emoções como estados perigosos que devem ser evitados a qualquer custo. O sentimento de raiva é considerado letal, e muitos absorvem a mensagem de que, se levarem uma vida verdadeiramente consciente, nunca mais ficarão irritados. A raiva certamente é uma emoção perigosa — se ela influenciar as suas palavras e ações. Em vez disso, considere a raiva como uma mensageira. Muitas vezes a mensagem que ela transmite é que alguém está pisando no seu calo, no sentido literal ou figurado. Observe a sua raiva, mas não siga o seu comando. Ouça a revelação que ela contém, mas não deixe que ela seja a sua voz. Tente não agir enquanto ela não passar. Simplesmente diga que você está com raiva naquele momento e que discutirá a situação ou o problema quando se acalmar.

Sinta agora, aja depois

Na prática da meditação, aprendemos a observar os pensamentos e os sentimentos. Quando a mente começa a acompanhar alguma sensação em particular, seja raiva, prazer, desejo ou repulsa, somos instruídos a voltar calmamente à fase da respiração. No momento em que o foco é mudado, ficamos conscientes de uma sensação interior como se ocorresse um discreto "clique". Esse é o momento em que nos afastamos de uma linha de pensamento que poderia nos levar para longe, numa direção que não queremos.

Procure esse clique de distanciamento quando perceber que está começando a sentir raiva. Você estava desembalando a compra semanal do supermercado com seu filho adolescente quando ele diz que não vai mais tomar conta do irmãozinho. Perceba a raiva crescendo dentro de você, mas não reaja. Observe como se fosse um fogo queimando no horizonte distante. Depois de sentir o clique repentino do distanciamento, pergunte a si mesmo o que a raiva estava tentando transmitir. Quando se sentir mais calmo, você poderá usar essa informação durante uma conversa inteligente e produtiva.

Perdoar é divino

O perdão é um dos conceitos mais mal compreendidos nas relações humanas. Perdoar não significa aceitar o mau comportamento. Não significa que não se tenha ficado magoado nem que o outro estivesse certo. Perdoar é como cancelar uma dívida. Ela

Terreno emocional

simplesmente é apagada dos registros. Ao perdoar alguém, você se liberta da raiva e do ressentimento para que possa ficar em paz e seguir em frente. Você se liberta do sofrimento que sente todas as vezes que pensa na pessoa ou na situação em questão. Você não está ajudando ninguém, mas deixando o passado para trás para que possa ficar no momento presente.

Faça uma lista de desafetos. Escreva o nome de todas as pessoas que você não perdoou e o que foi que elas fizeram. Por exemplo, *Alex, por mentir para mim*. Imagine a raiva como uma nuvem escura pairando sobre a sua cabeça. Note que você está segurando uma fita presa à nuvem e que a mantém no lugar. Sinta a fita enrolada firmemente nos seus dedos. Depois, relaxe os dedos. Abra a mão. Veja a nuvem se afastar, livre. Repare como ela fica cada vez menor, até desaparecer. Se estiver com vontade de chorar, deixe as lágrimas correrem. Não é preciso percorrer rapidamente a lista, mas continue trabalhando nela, uma pessoa ou incidente de cada vez. Provavelmente você vai se incluir na lista. O mais difícil de tudo é perdoar a si mesmo.

> *"Ao encontrar pessoas sem caráter, devemos fazer uma introspecção e analisar se somos iguais a elas."*
>
> — Confúcio

Libere o passado para entrar no presente

A aceitação faz parte do perdão. Para se perdoar é preciso ver o próprio passado como uma bênção, e não como um fardo. Analise a sua vida até este momento. Existe alguma decisão ou arrependimento? Uma opção que você ainda não se perdoa por ter feito? Agora chegou a hora de se libertar do passado. Você não pode viver no presente se não tiver se libertado do passado.

Conte os caminhos

Em que experiências emocionais você se concentra mais? Quando discute com o marido, você fica repassando a briga mentalmente durante dias? Fica ruminando isso com os amigos? Pergunte a si mesmo se você gasta tanto tempo e energia dando uma dimensão maior aos aspectos amorosos dos seus relacionamentos quanto você gasta com os aspectos difíceis. Elizabeth Barrett Browning escreveu: "Como te amo? Deixe-me contar de quantas maneiras." Observe o que você conta na sua vida. Você registra as suas mágoas ou suas razões para sentir gratidão? Faça uma lista de tudo o que você gosta na pessoa com quem está em conflito.

Terreno emocional

Medite sobre o amor

Há uma meditação especial que ajuda os praticantes a ampliar as dimensões do amor no coração e, depois, estender esse amor às pessoas e aos animais próximos e distantes. Chama-se meditação *metta* (*metta* é uma palavra em páli que significa bondade amorosa). Sente-se imóvel e concentre-se na sua respiração. Quando sentir que está entrando num estado relaxado e consciente, procure dentro de si mesmo uma sensação de pura alegria. Concentre a sua atenção nessa imagem ou nesse sentimento. Enquanto presta atenção na alegria, veja como ela cresce. Sinta-a permear o seu corpo como uma luz suave e quente. Volte a atenção para o amor. Quando encontrar uma onda pura de amor no âmago do seu ser, inspire e sinta-a expandir. Sinta-a irradiar-se por todo o seu corpo. Cada vez que inspirar, sinta os pulmões e o coração se encherem de alegria e amor.

Agora, mentalize alguém próximo a você e imagine que você está transferindo para essa pessoa parte da sua alegria e do seu amor. Veja que você não esgotou os sentimentos de amor e alegria que criou. Há um suprimento inesgotável. Imagine essa pessoa ficando repleta de alegria e amor. Em seguida, estenda esses sentimentos para todos os membros da sua família — seu cônjuge, seus filhos, seus pais. Continue a estender esses sentimentos para um número cada vez maior de pessoas: o velhinho que mora ao lado, os moradores do seu bairro, da sua cidade e do seu país. Imagine a bondade amorosa dando a volta no globo. Envie cada vez mais alegria e amor, e você vai notar que seu suprimento não diminuiu. Há muito para dar. Estenda esses sentimentos para os locais mais distantes do universo que puder imaginar. Deseje mentalmente que todas as pessoas e todos os seres vivos fiquem cheios de alegria e amor.

Amigos em apuros

Quando uma pessoa querida está em apuros, nós também nos sentimos em apuros. Primeiro, nos preocupamos. Depois, pensamos em alguma maneira de resolver o problema. Mas talvez a melhor coisa que possamos fazer por essa pessoa, e por nós mesmos, seja reconhecer humildemente que não conhecemos a melhor solução. Em vez disso, medite sobre um pensamento puro e carinhoso em relação a essa pessoa querida. Imagine-a rodeada por uma luz radiante. Veja as melhores qualidades dela como explosões estelares que aumentam a luminosidade à sua volta. Permita que o amor e a preocupação que você sente por ela se fundam com essa aura crescente de luz. Cultive esse sentimento bom em seu coração toda vez que pensar nela e no dilema que ela está enfrentando.

Brincadeira infantil

A paternidade e a maternidade apresentam grandes desafios — e muitas oportunidades — para um estilo de vida consciente. Os filhos, por sua própria natureza, exigem a sua atenção, em prejuízo de você mesmo. Para cuidar dos filhos, muitas vezes é preciso voltar o foco da sua atenção em muitas direções e fazer várias coisas ao mesmo tempo, o que pode facilmente perturbar o próprio equilíbrio adquirido a duras penas. E, no entanto, as crianças são professoras instintivas. Quer você tenha filhos ou seja tia, tio ou vizinho de crianças alheias, pode aprender muito com os jovens.

Pais orgulhosos

Mesmo antes de seus filhos nascerem, provavelmente você já tinha esperanças e sonhos para eles. É possível que eles sejam diferentes do que você esperava. Talvez tenham superado as suas expectativas, ou talvez, de alguma maneira, tenham ficado aquém delas. Aceitar os filhos do modo como eles são pode ser um desafio. Neste momento, veja cada um dos seus filhos exatamente como ele é. Abandone suas esperanças, medos, expectativas e desapontamentos. Olhe o seu filho sem querer mudar — ou preservar — nada dele. Depois, tente ver além do que os seus sentidos podem observar. Veja com o coração a essência do seu filho. Veja o centro de alegria, abertura, esperança e maravilha que ele incorpora.

Horário infantil

Crianças pequenas não têm nenhuma dificuldade para viver no momento presente. Qualquer cheiro, de produtos de limpeza a um limão recém-cortado, pode fasciná-las, enojá-las ou intrigá-las. Elas esticam o braço para tocar o pêlo de um gato, um chapéu de plumas feminino, um colar reluzente. Experimentam o gosto da chuva, pulam em poças d'água e rolam na neve antes de aprender a reclamar do frio. Elas estão atentas aos próprios sentidos e demonstram curiosidade em relação a cada tesouro que a vida oferece. E sabem como viver numa estrutura atemporal.

De vez em quando, em vez de insistir para que seus filhos cresçam, deixe que eles o lembrem de *se soltar*. Escolha uma atividade todos os dias para ser realizada no "horário infantil".

Brincadeira infantil

Pode ser uma refeição, um banho ou uma história. Durante esse período, não apresse os seus filhos; deixe que eles estabeleçam o ritmo. Evite dizer "Não mexa aí"; em vez disso, tente sentir o que eles sentem.

Acabe com o déficit de atenção

Hoje em dia fala-se muito sobre vários tipos de transtornos de déficit de atenção em crianças. Colocamos a culpa na mídia e no ritmo acelerado da sociedade atual. Mas algumas das culpas estão mais próximas de casa. As crianças aprendem a correr de uma atividade para outra observando os adultos à sua volta. Além disso, queremos tanto nos assegurar de que nossos filhos tenham condição de competir na escola e na vida de modo geral, que tentamos tornar cada momento produtivo.

Ajude seus filhos a aprenderem a ficar tranqüilos, estimulando-os a sonhar acordados e a fazer introspecção. Tente deixar o rádio do carro desligado para que todos possam ter seus próprios pensamentos. Ao chegarem ao seu destino, vocês poderão comentar o que pensaram. Não critique seus filhos por "mergulharem no mundinho deles". Quando perguntar o que fizeram na escola, pergunte também sobre o que pensaram e como se sentiram.

Seja infantil

Você já reparou como um bebê chora copiosamente quando lhe tiram um brinquedo, como se nunca mais fosse ser feliz? E pouco depois brinca com o cobertor como se o mundo fosse só alegria e contentamento? Seria bom se passássemos facilmente de emoção em emoção como as crianças pequenas. Fique triste quando estiver triste, mas não se apegue a esse sentimento. Deixe os sentimentos passarem com tanta naturalidade quanto nuvens que deslizam graciosamente pelo céu.

Brincadeira infantil

Definição de felicidade

As crianças incorporam com freqüência o significado da palavra felicidade — observe uma criança brincando na piscina ou conversando com uma joaninha aninhada entre os dedos. Faça de conta que é uma criança e lembre-se do que o deixava feliz quando era pequeno. O que você adorava fazer? Você tinha um esconderijo predileto? Uma árvore de que gostava mais? Uma boneca ou um bicho de pelúcia que considerava especial? Reintegre um dos seus objetos ou passatempos infantis favoritos à vida adulta e restabeleça o vínculo com a felicidade infantil que ainda mora dentro de você.

Anjinhos

Se pelo menos as crianças fossem sempre os anjinhos que às vezes parecem ser! Mas a verdade é que elas discutem, rebelam-se, fazem hora, derramam coisas, desobedecem e fazem birra. E, nessas horas, nem sempre somos as criaturas angelicais que gostaríamos de ser. Não perca de vista seus objetivos como pai ou mãe, tendo uma frase pronta para trazê-lo de volta ao centro. Uma boa frase é: "Sou um pai (ou uma mãe) paciente, amoroso e gentil." Outro modo de obter uma perspectiva imediata é imaginar que seu filho ficou adulto e tem a sua própria vida.

Com olhos de nostalgia prematura, o reizinho da cozinha caótica ou o adolescente petulante com as mãos nos quadris parece angelical.

Qualidade do tempo

Você já ouviu um milhão de vezes que o importante não é a quantidade de tempo, mas a qualidade do tempo que passamos com os filhos. Faça um compromisso de passar algum tempo com cada um dos seus filhos — separadamente. Essa é uma hora especial para vocês dois. Dependendo do tamanho da sua família, você pode selecionar desde um fim de semana por ano até uma tarde por semana com cada filho. Anote na sua agenda, e nunca deixe de cumprir esse compromisso.

Veja as figuras

Da próxima vez que seu filho lhe pedir para ler uma história para ele, não repita mecanicamente as palavras e vire as folhas. Deixe-se absorver pelas ilustrações, assim como ele. Observe os detalhes que as palavras não revelam. Imagine o que acontece a seguir na história, em vez de deixar sua mente divagar para o que ainda precisa fazer depois de colocá-lo na cama.

Brincadeira infantil

Respire junto

Se você acha difícil meditar por causa das exigências impostas pela maternidade, tente fazer com que seus filhos participem. Coloque o bebê ou filho pequeno no colo enquanto se concentra e relaxa. Talvez essa não seja uma experiência de imobilidade total, mas pode ser um momento significativo e recompensador. Sinta o movimento da caixa torácica do seu filho à medida que ele respira e tente concatenar a sua respiração com a dele. Dê um cronômetro às crianças mais velhas e diga-lhes que você vai ficar quieta até o  alarme tocar. Explique que vai ficar com os olhos fechados vendo as imagens que se formam na sua mente sem falar. Peça que façam o mesmo, e deixe que desenhem ou leiam se ficarem entediados quando esgotar o tempo. Comece com intervalos curtos de apenas alguns minutos e tente aumentar, aos poucos, o tempo que vocês passam sentados juntos em silêncio.

AS PESSOAS COM QUEM CONVIVEMOS

Comemore com alma

Ouça o que as pessoas falam nas vésperas dos feriados. Provavelmente, dizem que eles se tornaram comerciais, que perderam o significado ou que são um dia como qualquer outro. Mas não foram os feriados que perderam o sentido: nós é que nos esquecemos do motivo pelo qual eles foram colocados no calendário. Talvez a comemoração costumeira não atenda mais às suas necessidades. Nesse caso, por que não mudar a tradição de acordo com as suas necessidades, em vez de comemorar o feriado com indiferença?

Feliz aniversário

O dia do seu aniversário é uma ótima oportunidade para você avaliar o seu crescimento interior. Afinal de contas, foi nessa data que você veio ao mundo como um ser consciente. Você cresceu nos últimos doze meses? Escreva um cartão de aniversário para si mesmo. Dê uma festa. Compre um presente que afirme o seu compromisso de explorar todo o seu potencial. Comemore a sua dedicação de estar não apenas vivo, mas também verdadeiramente desperto.

Comemore com alma

Um ano maravilhoso

Na véspera do ano-novo, em vez de tomar decisões para o ano vindouro — que muito provavelmente você não vai cumprir — reflita conscientemente sobre o ano que passou. Faça uma lista de 101 coisas maravilhosas que aconteceram nesse período. Pode parecer difícil, mas não tenha pressa. Olhe o calendário ou procure lembretes no seu diário. Faça isso durante uma semana. Pense em acontecimentos grandiosos e modestos — o nascimento de um filho e a descoberta de um pica-pau no comedouro para pássaros — ambos merecem figurar na sua lista. Não menospreze as maravilhas do cotidiano. Registre a melhora no relacionamento com o sogro, o café aconchegante que descobriu a um quarteirão do escritório e a alegria que sentiu ao abrir a primeira carta enviada pela sua sobrinha.

A embalagem perfeita

O ato de presentear não tem de ser apenas material. Essa é uma boa hora para refletir e expandir o seu amor pelas pessoas que fazem parte da sua vida. Transforme o ato de embalar presentes num momento de meditação. Enquanto escolhe e corta o papel no tamanho certo, enquanto embrulha o presente e decora a embalagem com laços de fita, mentalize a pessoa a quem ele se destina. Medite sobre a alegria de dar o seu amor e a sua atenção a essa pessoa.

O presente é estar presente

O melhor presente que se pode dar em qualquer ocasião especial é estar presente. Em vez de gastar dinheiro outra vez com uma gravata, um colar ou vestido, faça um vale-presente que dá direito a uma massagem — não por um profissional, mas por você mesmo — um jantar à luz de velas, uma hora de conversa a sós ou uma noite juntos sem interferências (pense na possibilidade de incluir o custo de uma babá como parte do presente, se necessário).

Faça você mesmo

É difícil encontrar o cartão perfeito para alguém que se ama. Por mais que procuremos, às vezes não conseguimos encontrar dizeres ou imagens que transmitam os nossos verdadeiros sentimentos. Em vez disso, folheie várias revistas em busca de figuras, palavras ou frases que descrevam a pessoa que vai receber o cartão.

Comemore com alma

Essa é uma boa oportunidade para refletir sobre ela. Analise demoradamente todos os aspectos da pessoa a quem você ama e admira, e selecione figuras que representem o maior número possível dessas facetas. Cole as figuras num cartão em branco e cubra com papel *contact* transparente para dar um bom acabamento.

A alma da festa

Algumas pessoas não gostam de festas, pois não se sentem bem conversando sobre amenidades. Até mesmo as pessoas mais desinibidas algumas vezes sentem-se deslocadas em determinadas situações sociais. Da próxima vez que se sentir sozinho ou deslocado numa reunião, não se lastime nem vá embora. Veja se encontra alguém que pareça ainda mais deslocado que você e faça-lhe algumas perguntas. Ou então ofereça seus préstimos ao anfitrião, como lavar os pratos, abastecer a lava-louças ou servir o próximo prato. Dessa forma você vai se sentir útil, em vez de ficar sentindo pena de si mesmo.

Cuide da sua Vida

"EM QUE VOCÊ TRABALHA?" Geralmente essa é a primeira pergunta que fazemos a alguém. Definimos as pessoas pelo tipo de trabalho que elas fazem. O trabalho, por sua vez, definiu a experiência humana desde os primórdios — ou pelo menos desde que Eva comeu a maçã e Deus anunciou que o homem teria de trabalhar para ganhar o próprio sustento. E desde então, ao que parece, homens e mulheres vêm tentando se livrar do trabalho. Há cerca de mil e seiscentos anos, antes que a busca da realização pessoal virasse moda, Santo Agostinho, com 33 anos, abandonou o cargo de professor de retórica para adotar um estilo de vida espiritualista. Hoje em dia muitos de nós "vivemos em função do final de semana", contando os dias que faltam para chegar a sexta-feira, último dia útil.

Como uma cultura, parece que estamos divididos entre a necessidade de trabalhar e o desejo de diversão. Apesar de termos à nossa disposição inúmeros equipamentos que poupam trabalho, as estatísticas mostram que temos menos tempo livre do que antigamente. Mesmo com o advento de aparelhos que atendem telefonemas e lavam roupas e louças, vivemos numa época em que as pessoas são privadas de descanso. Em vez de empregar a tecnologia para ter mais tempo livre, usamos *laptops*, telefones celulares, *pagers* e acesso à internet para manter uma conexão com o trabalho.

Desde o advento do computador, temos trabalhado mais, e não menos, que as gerações anteriores. A idéia de fazer uma coisa de cada vez foi substituída pela necessidade de realizar várias atividades ao mesmo tempo — fechar negócios pelo telefone, enviar e-mails e navegar pela rede em busca de outras oportunidades. Enquanto isso, o tempo para refletir, curtir a família e os amigos e participar de atividades da comunidade aos poucos está desaparecendo.

Estudos revelam que o excesso de trabalho aumenta o nível de *stress* e leva a vícios, como o alcoolismo. O custo para a alma humana não foi calculado, mas começamos a sentir o peso das exigências da nossa economia industrial baseada em informações. Essa situação não vai mudar enquanto acreditarmos que devemos trabalhar mais horas para ganhar mais e aumentar o nosso patrimônio. Mas a riqueza não é uma pilha de moedas de ouro nem uma enorme carteira de ações. De acordo com o *Oxford English Dictionary*, riqueza é simplesmente "a condição de ser feliz e próspero; bem-estar".

"Deixe que a beleza do que amamos se revele no que fazemos."
— Rumi, poeta e místico do século XIII

CUIDE DA SUA VIDA

De olho na recompensa

Talvez você adore o seu trabalho; se esse é o caso, você tem sorte. Mas não importa o que você faz para ganhar a vida, você é muito mais do que o cargo que ocupa. Lembre-se do motivo que o leva a trabalhar. Tanto faz se é para sustentar a família ou pagar o *hobby* de mergulhar no Caribe. Talvez o trabalho seja uma maneira de ser útil e ajudar o próximo. Independentemente do seu objetivo maior, descubra uma maneira de se lembrar dele enquanto estiver trabalhando.

Escolha um canto do seu local de trabalho para que ele reflita as suas metas e aspirações. Você pode usar um prato de cerâmica feito por sua filha na escola como porta-clipes para se lembrar da família pela qual você trabalha para sustentar. Você pode fazer um *mouse pad* com uma fotografia do refúgio na montanha para o qual deseja voltar e que o está levando a economizar. Se alguém o inspira a adotar a sua linha de trabalho, coloque a foto dessa pessoa ou uma frase que ela costumava falar num local onde você possa ver durante todo o dia. Em vez de valorizar o seu emprego por causa do contracheque que recebe no final do mês, lembre-se de valorizar a sua profissão levando toda a sua conscientização para o local de trabalho.

Leve seus valores para o trabalho

Muitas vezes os valores que associamos a uma vida consciente — amabilidade, carinho e paciência — ficam para trás quando saímos para trabalhar de manhã. Mas por que não tentar integrar os valores pessoais ao trabalho? Por que não tornar a vida mais gratificante?

Antes de sair de casa, ligue para o escritório e deixe uma mensagem na secretária eletrônica para ajudá-lo a começar o dia com o pé direito. Talvez você queira lembrar a si mesmo de um valor diferente em que se concentrar a cada dia, como cooperação, humildade ou gratidão.

Inspiração ao alcance da mão

Deixe a cópia de um artigo inspirador ou um livro de citações inspiradoras ao lado do computador. Leia enquanto espera o *download* de arquivos ou a instalação de programas.

Trabalhe com calma

Somos estimulados a trabalhar com afinco, mas nunca a trabalhar com calma. No entanto, um esforço demasiado pode ser contraproducente. Às vezes, trabalhamos com tanto afinco que não conseguimos raciocinar com clareza, acessar a nossa intuição nem operar de modo relaxado e eficiente. Cada vez que o telefone toca ou o aparelho de fax funciona, use como um lembrete para relaxar os ombros e respirar fundo. Diminua a sua concentração à medida que recupera a consciência do próprio corpo.

De olho na recompensa

Elimine o entulho

Aplique alguns princípios do *feng shui* na mesa de trabalho ou no computador. Dê uma boa olhada nos objetos que estão no seu campo de visão. Recolha o entulho dos quadros de aviso e da área de trabalho do computador. Retire fotos antigas, cartões velhos ou qualquer outra coisa que não esteja mais em harmonia com a sua noção de prosperidade e bem-estar.

Leve sua casa para o trabalho

Hoje em dia, com o advento de telefones celulares e *laptops*, o trabalho não termina necessariamente quando se sai do escritório. Um número cada vez maior de pessoas leva trabalho para casa. Por que não levar também a sua verdadeira casa (o seu estado consciente) para o trabalho? Sempre que estiver aguardando uma reunião, a impressão de um trabalho no computador ou de uma mensagem de fax, transporte-se para o momento presente. Sente-se e preste atenção na respiração. Sinta os pés tocando o chão, as coxas apoiadas no assento da cadeira. Apóie as costas e relaxe os ombros. Mergulhe o máximo que puder nesse momento. Não faça planos nem pense. Apenas deixe acontecer.

CUIDE DA SUA VIDA

Uma coisa por vez

Multitarefa é uma realidade no local de trabalho moderno. O fato de existir uma palavra nova para a prática de realizar várias coisas ao mesmo tempo mostra que o conflito entre ser e fazer está mais presente do que nunca. Verificamos a caixa de e-mail enquanto falamos ao telefone, almoçamos lendo relatórios e conversamos com um colega enquanto enviamos um fax.

Esse malabarismo contemporâneo pode fugir facilmente do nosso controle. Não podemos acabar de vez com essa prática de fazer várias coisas ao mesmo tempo, mas podemos diminuí-la aos poucos. Observe quantas tarefas você está efetuando em determinado momento. Pergunte a si mesmo qual delas é prioritária. Exclua a atividade menos importante da lista. Pode ser que isso signifique ter de adiar uma reunião, colocar de lado correspondências a serem respondidas ou deixar um problema difícil sem solução. Você vai desempenhar com maior eficiência a tarefa (ou até mesmo as duas tarefas) a que se propôs.

Uma coisa por vez

Pense antes de clicar

A tecnologia aumentou o limite de velocidade no trabalho, mas ainda é possível pisar no freio. Identifique as tarefas que realmente exigem tecnologias de alta velocidade. Para as restantes, diminua a marcha. Pense na possibilidade de levar pessoalmente um memorando à sala no final do corredor, em vez de enviá-lo por e-mail ou fax. Mande uma carta pelo correio quando não houver necessidade de usar correio eletrônico. Às vezes, o tempo que leva para uma carta chegar ao seu destino é o tempo que tanto o remetente quanto o destinatário precisam para esclarecer os fatos ou simplesmente descansar depois de tomar uma decisão em relação a determinado assunto e agir em relação a outro.

Faça uma pausa produtiva

Estudos demonstraram que os funcionários que fazem uma pausa a cada 45 minutos, aproximadamente, são os mais produtivos. Isso acontece porque o cérebro consciente tende a ficar concentrado e a operar com maior eficiência em intervalos de 45 a 60 minutos. Se puder programar o computador para emitir um sinal mais ou menos a cada 45 minutos, faça isso. Levante-se e estique as pernas, tome um gole de água ou vá até o estacionamento e volte. Quando retornar à sua mesa, a sua mente estará renovada.

Feche os olhos

No meio de um dia atribulado pode parecer impossível fazer até mesmo um intervalo de 10 minutos. Tente a seguinte minimeditação quando não puder sequer fazer uma pequena pausa. Feche os olhos — apenas enquanto inspira e expira, se esse for todo o tempo que tiver. Esse rápido isolamento dos estímulos ao seu redor pode ajudá-lo a se concentrar novamente e a recuperar as energias.

Acalme a mente

Carla Hannaford, doutora em neurofisiologia, educadora e autora do livro *Smart Moves*, propõe alguns exercícios simples para melhorar as funções do cérebro. Embora o objetivo do seu trabalho seja ajudar as crianças na sala de aula, todos podem se beneficiar com suas técnicas. A técnica descrita a seguir, denominada "Conexões", acalma a mente e aumenta o poder de concentração. Em pé ou sentado, cruze o tornozelo direito sobre o esquerdo. Depois, cruze o punho direito sobre o esquerdo. Deixe as palmas das mãos voltadas uma para a outra e entrelace os dedos. Leve os cotovelos para fora e vire delicadamente as mãos para dentro, em direção ao corpo, até que encostem no osso esterno no centro do tórax, com os nós dos dedos voltados

Uma coisa por vez

para cima. Relaxe nessa posição. Respire calmamente. Note que se sente mais sereno do que antes de fazer o exercício. Mantenha essa posição por quanto tempo quiser.

Yoga no escritório

Eis aqui uma postura de yoga que você pode praticar no trabalho, pois não exige o uso de roupas especiais nem de colchonete. Na verdade, você pode exercitá-la sempre que quiser acalmar a mente. Tudo o que você precisa é de uma cadeira sem rodinhas. Fique em pé a uma certa distância das costas de uma cadeira com os pés separados na largura dos ombros. Solte o ar e flexione o corpo para a frente dos quadris para cima. Segure os cotovelos com as mãos e apóie os antebraços no espaldar da cadeira até conseguir colocar a testa sobre os braços. Certifique-se de que os pés estejam paralelos e os joelhos, relaxados, e não travados. Sinta os pés em contato com o chão e o corpo sendo suportado pelas pernas. Relaxe a coluna. Relaxe também os músculos do rosto e do pescoço. Respire com naturalidade. Quando estiver pronto para se levantar, sinta os pés firmemente plantados no chão; depois inspire e endireite o corpo com a força das pernas.

Um pouco de música

Os sons no local de trabalho nem sempre levam ao relaxamento. O toque incessante de telefones, o ruído da fotocopiadora, o barulho da impressora, o zunzum das salas vizinhas ou o som dos computadores próximos podem, na melhor das hipóteses,

Uma coisa por vez

distrair, e, na pior, irritar. A música, no entanto, ajuda a reduzir o nível de *stress*, aumentar a criatividade, elevar o QI, aguçar a concentração e melhorar as funções cerebrais. Estudos revelaram que as pessoas que ouviam Mozart antes de fazer determinado teste obtinham pontuações mais elevadas.

A música de fundo escolhida com acerto pode ter efeitos positivos. Escolha uma que inspire, mas que não distraia, você, seus colegas e os clientes. Jazz e música clássica são boas opções. Se não for possível usar um sistema de som que os colegas possam escutar, use fones de ouvido ligados a um aparelho de CD portátil ou ao CD player do computador.

Hora do almoço

As empresas permitem que os empregados interrompam o trabalho para almoçar. Use esse tempo não apenas para comer, mas também para se alimentar de outras formas. Encontre um local tranqüilo para fechar os olhos e respirar conscientemente por 5 ou 10 minutos antes de voltar ao trabalho. Outra opção é substituir o cafezinho por uma xícara de chá de camomila. Em vez de fazer uma pausa para fumar, faça uma curta caminhada. Até mesmo caminhar em volta do estacionamento pode ajudá-lo a se sentir revigorado.

CUIDE DA SUA VIDA

Tenha uma visão global

O telefone toca, você atende. Do outro lado, alguém reclama dos produtos, dos serviços ou do desempenho da sua empresa. O seu estado consciente se evapora. Você sente o maxilar travar, os ombros ficarem rijos e o cenho franzir. Para responder conscientemente, você precisa mudar o foco da sua atenção.

Levante os olhos da mesa, do monitor do computador ou do telefone e observe o contexto mais amplo. O seu mundo não se restringe à voz encolerizada ao telefone. O *stress* que acabou de se instalar dentro de você não representa a única realidade. Fique em pé. Olhe à sua volta; veja todo o escritório. O reclamante agora é apenas um elemento no contexto maior. Mantenha um globo ou mapa das constelações perto da sua mesa para lembrá-lo de uma perspectiva ainda mais ampla sempre que passar pela experiência de uma interação negativa. Assim, você poderá manter os conflitos confinados em uma seção menor da mente, abrindo espaço para a clareza e o controle.

144

Tenha uma visão global

Faça um gráfico circular

Gráficos circulares, ou setoriais, são usados com freqüência no mundo empresarial para ilustrar as diversas tendências da economia. Faça um gráfico circular da sua vida, usando as seguintes etiquetas para cada segmento: Trabalho, Recreação, Espírito/Reflexão, Lar/ Família e Comunidade/Amigos. Deixe o tamanho de cada segmento

> *"O trabalho consiste naquilo que o corpo é obrigado a fazer... o divertimento consiste naquilo que o corpo não é obrigado a fazer."*
>
> — Mark Twain, *As Aventuras de Tom Sawyer*

refletir a quantidade de tempo e de energia mental que você dedica a cada aspecto da sua vida. Faça um gráfico novo todos os meses. Veja se os segmentos começam a se igualar à medida que você volta a sua atenção para o equilíbrio na sua vida.

Dê um significado ao protetor de tela

O que há na tela do seu computador do escritório? A tela que você visualiza o dia todo está decorada com um motivo que lhe diz alguma coisa? Ou tem figuras geométricas aleatórias ou o logotipo do fabricante do equipamento? Escolha um protetor de tela conscientemente. O que você gostaria de olhar todos os dias? Alguns computadores oferecem imagens de peixes em movimento, praias tropicais ou até mesmo a opção de digitalizar uma foto sua. Se puder programar o computador para exibir uma palavra ou frase que flutue pelo monitor quando o computador não é utilizado durante alguns minutos, escolha, e introduza uma frase tranqüilizadora ou inspiradora.

Não chame isso de trabalho

Você pode mudar a sua atitude escolhendo conscientemente as palavras. Em vez de dizer que está indo trabalhar, que soa como uma obrigação pouco atraente, diga que está indo "ao estúdio", está indo "lecionar", "criar", "ajudar" ou "construir". Escolha a palavra de acordo com o aspecto lúdico, imaginativo, ativo ou positivo do que você faz. E veja a diferença que uma palavra pode fazer.

Aposentadoria mental precoce

É comum as pessoas não darem o devido valor ao trabalho que fazem, aos colegas e até mesmo ao supervisor que têm. Mas provavelmente existem algumas coisas das quais você gosta na sua vida profissional. Imagine que hoje é o seu último dia no trabalho. Veja-se retirando todos os objetos da sua mesa. Observe os detalhes. Você está colocando os arquivos, os papéis e outras parafernálias em caixas. Seus colegas vão até a sua mesa se des-

Tenha uma visão global

pedir. Veja os seus rostos. Ouça o que estão dizendo. Eles estão falando que vão sentir a sua falta? Estão elogiando o seu trabalho? O que você está pensando agora? De qual deles vai sentir saudade? Do que vai sentir falta? Quando terminar essa meditação, volte ao trabalho com uma nova consciência das coisas de que realmente gosta no seu emprego.

CUIDE DA SUA VIDA

O trabalho está chamando

Os sacerdotes dizem que receberam um chamado de Deus. Os budistas falam em descobrir o "modo de vida correto" — uma forma de ganhar a vida que não seja prejudicial, que apóie os seus valores e aborde uma necessidade autêntica. Todos têm um propósito divino. O seu chamado, ou o seu verdadeiro trabalho, está onde a sua paixão e as necessidades do mundo se cruzam. Faça uma lista das coisas que você gosta de fazer. Fantasie sobre um emprego que incorpore essa atividade de uma forma útil. Ouça atentamente para ver se consegue ouvir o seu chamado.

Faça aquilo de que gosta

Na antiga Grécia, a palavra *chiros* significava o estado mental que uma pessoa adquire quando perde a noção do tempo. Isso acontece quando se está absorvido numa atividade de que se gosta, seja tocando violão, fazendo uma corrida matinal ou costurando. Se você se surpreender nesse estado mental no ambiente de trabalho, sem dúvida alguma encontrou um emprego que incorpora a sua paixão. Caso contrário, veja se existe uma maneira de levar uma atividade que induz *chiros* para o trabalho.

O trabalho está chamando

Por exemplo, se você gosta de trabalhos manuais, ofereça-se para fazer prateleiras novas para o escritório. Talvez você adore ficar rodeado de crianças, mas trabalha numa companhia de seguros. Nesse caso, ofereça-se para organizar um piquenique e planeje atividades para os filhos dos funcionários. Se adora escrever, ofereça-se como redator do boletim informativo da empresa.

O que você quer ser quando crescer?

Só pelo fato de ser adulto não significa que você sabe o que quer ser quando crescer. Um modo de descobrir — ou de se lembrar — é entrar numa máquina do tempo e voltar à infância. Aos sábados, você adorava pegar o seu cachorro e alguns sanduíches e descer às margens do rio fingindo que era um explorador? Talvez agora, já adulto, você queira pesquisar ofertas de emprego que envolvam viagem. Por acaso você era o tipo de criança que desmontava o relógio da sala e tentava montá-lo novamente, mesmo sabendo que ia ficar de castigo sem ver televisão? Talvez queira encontrar um emprego em que tenha de resolver problemas.

> *"Diga-me, o que você planeja fazer com a sua preciosa vida?"*
> — Mary Oliver, *The Summer Day*

Visualize o trabalho dos seus sonhos

Se o seu trabalho não é o que você sonhava, faça alguma coisa para encontrá-lo. A realidade muitas vezes começa com um sonho. Mentalize o trabalho dos seus sonhos. Imagine o local de trabalho. Como é o ambiente físico? Com quem você está trabalhando? O que está fazendo? Veja o maior número de detalhes que puder. Agora, folheie revistas em busca de imagens que se pareçam com as que você imaginou. Recorte as figuras e faça uma colagem da carreira dos seus sonhos. Pregue a colagem na parte interna da porta do seu guarda-roupa para que possa vê-la quando se vestir para ir ao atual emprego. Ou então coloque dentro da pasta para que possa dar uma olhadinha no trabalho. Identifique uma iniciativa que você pode tomar para alcançar o seu objetivo, como atualizar o currículo, fazer uma lista de empresas em que gostaria de trabalhar ou se matricular num curso noturno para adquirir uma habilidade necessária.

O trabalho está chamando

Faça o melhor que puder

É comum encararmos o trabalho como uma versão adulta da escola. O patrão assume o lugar do professor rigoroso que nos castiga todas as vezes que tentamos nos divertir. A mulher que trabalha na mesa ao lado parece a moça que sempre namorava o rapaz mais bonito. A reunião anual parece o dia do resultado das provas, quando ficamos sabendo se passamos de ano ou tomamos bomba.

As coisas não têm de ser assim. Nossa verdadeira obrigação como adultos é oferecer os nossos pontos fortes e os nossos talentos à comunidade em geral. O local de trabalho é uma das arenas onde compartilhamos esses dons. Provavelmente, você aceitou o emprego atual porque ele exige alguma habilidade que você possui. Talvez a sua habilidade de escrever, de fazer trabalhos manuais, de tratar as pessoas ou de organizar detalhes. Pode ser que você não considere esse o melhor modo de mostrar os seus talentos, mas é o que você tem agora. Assuma consigo mesmo o compromisso de fazer o melhor que puder, de aprimorar suas habilidades e dividi-las com o mundo. Afirme: "Sou bom naquilo que faço, e o trabalho que realizo contribui para o bem."

CUIDE DA SUA VIDA

O dinheiro conta

O dinheiro exerce uma grande pressão na cultura ocidental. Todo mundo parece correr atrás do dinheiro, mas ao mesmo tempo declaramos uma guerra moral contra ele. Obviamente, dizemos "O mundo é movido a dinheiro", mas também afirmamos "O dinheiro é a causa de todos os males", "As melhores coisas da vida são de graça" e "O dinheiro não compra a felicidade". Essa relação de amor e ódio com as finanças pode prejudicar o estado da nossa mente.

É difícil encontrar um equilíbrio saudável entre gastar e poupar, entre viver dentro das próprias posses e ter uma vida confortável. O amor pelo dinheiro pode nos afastar de alguns dos nossos valores centrais. E a ganância pode impedir nossos impulsos de generosidade. De todas as nossas necessidades básicas — alimento, moradia, vestuário — o dinheiro é o único de que realmente não podemos prescindir.

O homem pré-histórico sobrevivia sem dinheiro e, pelo menos teoricamente, nós também podemos. Sem cartões de crédito, caixas eletrônicos, cédulas e moedas, ainda haveria árvores e madeira para construir casas, e as plantas ainda dariam frutos

O dinheiro conta

para nos alimentar. Dinheiro e comércio são invenções humanas, embora a nossa tendência seja pensar que são intrínsecos à própria vida.

Confundimos o valor do dinheiro com o valor do que ele pode comprar. Por exemplo, não podemos comer uma nota de dez reais, embora possamos comer o que compramos com ela. O pedaço de papel, o saldo da conta bancária ou o cartão de crédito, propriamente dito, são inúteis. Eles não nos manterão aquecidos, mas sim a casa que compramos com eles. O dinheiro em si não tem valor inerente. E, no entanto, no mundo em que vivemos ele é absolutamente necessário. Como o dinheiro nos traz tantas preocupações emocionais e morais, é essencial pensarmos cuidadosamente na relação que temos com ele.

> *"O custo de algo é a quantidade do que chamaríamos de vida que é exigida em troca disso."*
>
> — Henry David Thoreau, *Walden*

Meça o seu verdadeiro valor

Riqueza está relacionada com bem-estar. Tente medir a sua riqueza de acordo com uma escala que leve em consideração mais do que a sua condição financeira. A palavra prosperidade vem da raiz latina *prosperus*, que significa "de acordo com a esperança" ou "prosseguir com esperança". Defina o que é prosperidade para si mesmo. Afirme que você é próspero.

CUIDE DA SUA VIDA

Substitua a ganância por gratidão

Há um ensinamento budista que instrui seus seguidores a ter piedade das pessoas que possuem muitos bens materiais. Elas têm muito, diz o ensinamento, porque na sua fraqueza e insegurança acreditam que precisam de confortos materiais para sobreviver. A pessoa que tem pouco deve ser objeto de admiração. Em vez de ficar presa aos bens materiais passageiros, ela depende das riquezas de uma vida espiritual.

A ganância não quer que acreditemos nisso. Ela nos diz que morreremos sem outro carro, que se dermos algo a alguém, perderemos. Não é por acaso que esse é um dos sete pecados capitais. A ganância pode matar; certamente é capaz de matar o coração e a alma. Não há nada mais letal para a nossa natureza amável e generosa do que uma mão fechada. De fato, estudos mostram que as pessoas generosas são mais felizes que as avarentas e gananciosas.

O oposto da ganância é o desprendimento. Trata-se de uma prática espiritual. Seja generoso, e não ganancioso. Da próxima vez que achar que tem de ter aquilo que quer, agradeça por tudo o que já tem.

O dinheiro conta

Fique atento ao pagar

Ao pagar suas contas mensais, observe o que está pensando. Se estiver reclamando mentalmente do preço do gás, da eletricidade ou do imposto de renda, mude de atitude. Em vez disso, pense no quanto foi bom ficar aquecido enquanto nevava lá fora no começo do mês. Seja grato pela sua bela casa e por todas as comodidades que a sociedade proporciona, como a água tratada que corre livremente nos canos para que você possa usar sempre que quiser.

O ato de pagar contas dificilmente representa um ponto alto na rotina de alguém. Mas poderia significar. Depois que você começa a encarar esse ato como um ritual para abençoar tudo o que possui — e afirmar que é grato e se sente feliz por todas essas coisas — ele pode passar a ser um momento de comemoração. Acenda velas ou queime um incenso; faça um jantar especial. Considere o ato de pagar contas uma oportunidade para se alegrar.

Abundância natural

Quando se sentir oprimido, como se não tivesse dinheiro, comida ou coisas boas suficientes, reflita sobre a generosidade da natureza. Caminhe ao ar livre e adquira consciência da extravagância da natureza. Não existe apenas um tipo de árvore, mas centenas — bétula, sicômoro, olmo, macieira, castanheiro, carvalho, faia, para citar apenas algumas. Agora, tente fazer uma relação dos tipos de flores. Olhe um livro de insetos e veja a grande variedade de criaturas voadoras e rastejantes que vivem na natureza. Visite um aquário e admire a enorme diversidade de formatos, tamanhos, cores e tipos de peixes existentes. Vivemos

O dinheiro conta

num mundo que apresenta uma escala exuberante. Você faz parte desse mundo. Esteja aberto ao espírito de profusão ao seu redor. Afirme que a abundância é um estado natural tanto na natureza quanto na sua própria vida.

Observe as preocupações financeiras desaparecerem

Observe o efeito dos seus pensamentos. Da próxima vez que estiver preocupado com o pagamento da prestação da casa própria, perceba o que esse estado de espírito faz com o seu corpo. Onde você sente tensão? Você trava o maxilar? Agora, remova esse pensamento. Sinta o corpo relaxar. Sinta a mente relaxar.

É possível mudar um pensamento. Embora ainda tenha de tomar iniciativas para melhorar a sua situação financeira, você não precisa se apegar ao medo e ao *stress* que acompanham o pensamento sobre a prestação da casa. Medo e preocupação não melhoram em nada a situação, mas impedem o raciocínio e dificultam uma ação ponderada e produtiva. Da próxima vez que sentir medo, preocupação ou *stress*, lembre-se de que são apenas pensamentos. Você pode se livrar de um pensamento. Em vez de se preocupar com as contas, pense numa forma criativa de melhorar a sua situação financeira. Afirme que pode fazer isso.

Destaque aqui

As contas trazem um lembrete embutido para separar mentalmente os arrependimentos passados, os planos futuros e as preocupações acerca de escassez. Quando estiver se preparando para fazer um pagamento, observe que existe uma linha perfurada na conta que separa a cópia do consumidor do canhoto que é enviado ao cartão de crédito, à empresa telefônica ou de eletricidade. Geralmente há os dizeres "Destaque aqui", ou coisa parecida. Vá em frente — siga as instruções. Veja o que você está pensando, e faça o mesmo, livrando-se de pensamentos ou emoções negativas.

Faça a sua senha funcionar para você

Toda vez que você vai ao caixa eletrônico ou acessa a sua conta bancária pela internet ou pelo telebanco, precisa digitar algum tipo de código. As pessoas freqüentemente bolam a senha com base em datas de nascimento, endereços ou nomes de animais de estimação. Em vez disso, escolha combinações de letras e números que o ajudem a manter o foco nos seus objetivos interiores. Por exemplo, a senha poderia ser 1364, se você quiser se lembrar das palavras Amor, Carinho, Fé, Determinação (cujos dígitos correspondem às letras ACFD).

O dinheiro conta

Verifique o talão de cheques

Dê uma folheada nos canhotos do talão de cheques mais recentes e das faturas do cartão de crédito. Como você está gastando o seu dinheiro? Está usando o dinheiro de forma realmente condizente com os seus valores? Você diz que não tem apego a bens materiais, mas a conta na loja de departamentos faz a dívida interna do país parecer fichinha? Se você diz que se preocupa com o destino dos pobres e famintos, já preencheu um cheque para uma instituição de caridade que distribui alimentos às famílias carentes? Seus hábitos de consumo entram em conflito com seus hábitos mentais? Verifique isso uma vez por mês, e observe se esses hábitos estão ficando mais próximos.

Faça uma doação

No Velho Testamento, os fazendeiros são instruídos a não colher toda a safra para que os andarilhos possam apanhar alguns cereais e vegetais que foram deixados para trás. Você pode seguir esse conselho fazendo uma pequena contribuição mensal aos necessitados. Doe roupas a uma instituição de caridade ou ao Exército da Salvação. Quando fizer compras no mercadinho da esquina, deposite uns trocados na caixa sobre o balcão para a construção de uma área de lazer para a comunidade. Passe uma tarde trabalhando como voluntário numa cozinha comunitária ou na escola do bairro. Descubra uma maneira de doar um pouco da sua riqueza — seja tempo, dinheiro ou habilidade pessoal.

Amor e dinheiro

É provável que você dê mais valor ao amor do que ao frio e duro dinheiro. Mas sobre o que você pensa mais? Você se preocupa com o seu balanço bancário ou analisa os seus lucros e estratégias de retiradas de dinheiro com mais freqüência do que pensa sobre o amor na sua vida e em como gostaria de aumentá-lo? Não há nada de errado em ter um plano inteligente para gerenciar seus negócios, mas você precisa manter um equilíbrio sadio — de várias maneiras.

Quando você perceber que está se preocupando com problemas de dinheiro ou escassez, reserve um momento para refletir sobre a abundância de amor em sua vida e no quanto as pessoas de quem você gosta lhe são valiosas. Adquira o hábito de pensar no amor com mais freqüência do que pensa no dinheiro.

Como usar o tempo

Estamos rodeados por máquinas e aparelhos planejados para economizar tempo e fazer parte do nosso trabalho, como lava-louças, lava-roupas, aparadores de grama elétricos e aspiradores de pó. Contamos também com a bênção do automóvel — pense no tempo que você economiza por não ter de ir fazer compras a cavalo nem de carroça. Então, onde está todo o nosso tempo de lazer? Agora que temos mais tempo, parece que precisamos aprender a usá-lo.

Só por gosto

O que você faz simplesmente pelo prazer de fazer? O que você adora fazer que nunca vai constar do seu currículo, aumentar o seu saldo bancário, arrancar elogios ou melhorar a sua aparência? Essas atividades podem incluir meditar, desenhar, tirar um cochilo, ouvir música, tocar um instrumento no qual não se é particularmente bom, catar conchinhas que mais tarde serão devolvidas ao mar ou cantar junto com o rádio.

Cada pessoa tem uma lista diferente. Um artista provavelmente não consegue desenhar sem pensar na pintura que o

CUIDE DA SUA VIDA

desenho pode inspirar, mas um banqueiro sem dúvida consegue. Só você sabe se adora nadar por causa da sensação da água
em contato com o seu corpo ou apenas para perder peso. Seja o
que for que esteja na sua lista, faça questão de realizar essas atividades de forma consciente na sua vida. Elas representam
miniférias na sua semana atribulada.

Crie um oásis

Sabbath é a palavra hebraica para descanso. Crie um oásis na sua
semana, um tempo e um lugar para parar e refrescar a alma. De
segunda a sexta-feira, você se concentra nos aspectos materiais
da vida — ganhar dinheiro, comprar alimentos e roupas, alcançar os seus objetivos no plano físico. Não deixe também de
reservar algum tempo para não fazer nada, sem fazer planos
nem programações.

Descubra uma forma de interromper por uma hora o seu
ímpeto de alcançar metas, ganhar dinheiro e adquirir bens
materiais. Talvez você possa reservar uma tarde por semana
para desligar o telefone, a televisão ou o computador. Ou simplesmente "dar um tempo". Caminhe ao longo do rio, leia seu
poema favorito, flutue de costas na piscina, faça um boneco de
neve como quando era criança, ouça música, pinte um quadro

Como usar o tempo

ou sente-se na margem de um riacho borbulhante e ouça o que ele tem a dizer. Faça qualquer coisa que o leve a sentir-se desperto e vivo.

Tire um dia de folga

Um dia de folga significa coisas diferentes para cada pessoa. O que significa para você? Pode ser um dia livre de obrigações e de planos. Pode ser um dia para dar longas caminhadas, ler, cuidar do jardim, montar um carrinho ou um quebra-cabeça. Pode até mesmo ser um dia de silêncio e solidão. Ou, então, um dia para tocar a velha trombeta que você nunca mais tocou desde os tempos de escola.

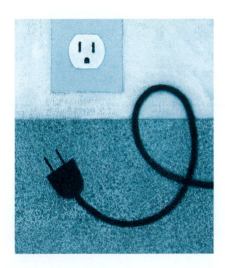

Na Estrada

SE O LAR REPRESENTA A SUA BASE DE CONFORTO E PROTEÇÃO, a estrada é o seu meio de ir ao encontro da aventura e do desconhecido. Portanto, para quem tem um temperamento romântico, as viagens ainda têm a conotação de espírito pioneiro — muito embora outras pessoas as associem a centenas de tipos de desconforto e risco.

A maioria das estradas que percorremos é bem traçada e sinalizada. Dificilmente rodamos pela estrada rural que Robert Frost descreve num famoso poema, onde temos de decidir entre rotas de maior ou menor movimento. Mas, como o poema de Frost deixa bem claro, a estrada tanto é um símbolo quanto uma realidade. E apesar de não enveredarmos por uma estrada rural como a descrita pelo poeta, freqüentemente nos surpreendemos nas encruzilhadas emblemáticas que ele imagina.

NA ESTRADA

Podemos, por exemplo, estar no escritório do nosso patrão decidindo se aceitamos uma promoção ou voltamos para a faculdade para estudar arquitetura. Ou sentados na cama tarde da noite com o nosso cônjuge decidindo se está na hora de ter um filho. A nossa estrada é a nossa vida. É a nossa rota, a direção que escolhemos.

Os filósofos sempre compararam a vida a uma jornada. Os adeptos do taoísmo falam de um fluxo universal e de seguir "o caminho". Artes orientais como o karatê-do, o tae kwon dô e o judô, terminam com a sílaba *do*, que significa "o caminho" ou "a rota". O código de leis judaicas é chamado de *Halakhah*, que significa "a caminhada" ou "o caminho".

Esses caminhos não são encontrados em nenhum mapa. Na verdade, parece que só quando ficamos mais velhos é que conseguimos ver para onde a jornada da nossa vida está conduzindo. Às vezes, quando a estrada que percorremos parece estar cheia de buracos metafóricos, ruas de mão única e áreas de policiamento rigoroso para coibir o excesso de velocidade, desejamos que estivéssemos fazendo um percurso claramente delineado. Se ao menos pudéssemos comprar um mapa com as dobras já gastas, para nos ajudar a traçar o caminho mais fácil. Mas é claro que não é assim que a vida funciona. Afinal de contas, a jornada — não o destino — é tudo.

"Não há nenhum lugar para ir nem nada para se conseguir".

— Ditado zen

166

Nada de correria

Não importa para onde você está se dirigindo, não se afobe. Pode ser que precise se apressar para comparecer no horário a uma reunião, à consulta médica ou à peça de teatro da escola. Mas não precisa chegar arrasado, em frangalhos. Assim como os filósofos zen dizem que a dor é inevitável mas o sofrimento não, podemos dizer que a pressa é inevitável, mas a afobação não. De fato, o *stress* induzido pela pressa pode provocar equívocos (caminho errado, excesso de velocidade e, conseqüentemente, multa ao ser pego pelo radar fotográfico). Isso, portanto, vai contra o nosso objetivo de pontualidade. Uma mente serena, mesmo em meio à tormenta de uma agenda auto-imposta, é essencial para que possamos chegar com segurança e na hora certa.

Tome um novo caminho

Quebre a rotina. Faça um novo caminho para o trabalho, para o supermercado ou para qualquer lugar que costuma ir como se tivesse ligado o piloto automático. Pegue outra rua e observe o ambiente.

Uma vaga para estacionar

Sempre que estaciona o carro você tem a oportunidade de praticar o desprendimento. Não pare na primeira vaga que encontrar. Ao estacionar numa vaga mais afastada deixando a mais próxima vazia, você estará oferecendo um presente para a pessoa que chegar em seguida. Ao mesmo tempo, estará praticando o hábito de ceder, em vez de agarrar.

Viagem interior

Estamos acostumados a encarar a vida como uma longa estrada que começa com o nascimento e termina com a morte. O tempo é como uma esteira rolante que se movimenta com precisão militar. Mas e se déssemos outra dimensão para a vida e para a nossa jornada? Pense que esse momento, o *agora*, pode parecer estreito, mas, na verdade, tem um vasto território. É como uma toca de coelho que penetra terra adentro. Fique num lugar eterno que não se move nem para a frente nem para trás. Vá mais fundo, toque no poço de sabedoria e paz interiores, um local onde todo o seu ser entra em contato com a sensação de plenitude universal. Com o passar dos dias, vá apenas em frente, mas também para baixo e para dentro.

Sobremarcha

Vivemos na época do "indispensável" carro — um misto de bênção que enriquece e atrapalha a vida, de acordo com o fluxo de veículos e as condições do tráfego. Passamos tanto tempo no tráfego que instalamos no carro sistemas de som sofisticadíssimos, almofadas para massagear as costas e computadores. Quer você percorra longas distâncias para trabalhar, use o carro para fins de recreação ou faça trajetos curtos para levar os filhos à escola, você pode fazer com que o tempo que passa no carro seja mais consciente adotando certas medidas.

Comece no silêncio

Antes de desligar o motor do carro, apague os faróis, desligue o rádio ou o aparelho de CD e o ar-condicionado. Dessa forma, quando entrar no carro novamente, vai começar num ambiente tranquilo e silencioso. Depois de dar a partida, poderá escolher conscientemente o que deseja ligar. Você vai descobrir que a sua mente precisa de um intervalo de tranquilidade antes que a marcha seja engatada e o som do rock que você ouviu na noite anterior ao voltar do trabalho ecoe novamente, ou que depois de passar dez horas no escritório, está a fim de ouvir música clássica, e não o noticiário.

O trajeto à frente

Ao entrar no carro, analise o percurso que vai fazer antes de dar a partida. Fique consciente da jornada que o aguarda. Afirme a sua intenção de dirigir de modo seguro e de respeitar as pessoas e os animais que porventura cruzem o seu caminho. Inspire, expire. Depois, dê a partida. Faça o mesmo quando chegar ao seu destino. Antes de sair do carro, sinta-se grato pelo trajeto seguro e tranqüilo que acabou de realizar.

A princípio, talvez você não ache que tenha feito uma viagem particularmente tranqüila. Você pode ter pego um congestionamento, pode ter errado o caminho ou passado batido em alguma saída. Coloque em perspectiva o seu trajeto. Pense em como era esse mesmo percurso há cem anos (um mero piscar do olho cronológico). Provavelmente, você teria ido a pé ou a cavalo. Se estivesse frio ou chovendo, estaria gelado ou molhado. Felizmente, o veículo era coberto e você não se molhou, mas as rodas da carroça podem ter atolado na lama. Um percurso que hoje levou apenas uma hora teria levado a maior parte do dia.

Sobremarcha

Na verdade, se você gasta uma hora para ir de casa ao trabalho e vice-versa, provavelmente não teria esse emprego algumas décadas atrás. Você trabalharia num lugar mais perto de casa, e teria menos oportunidades profissionais. O carro em que você está sentado neste momento abriu novas perspectivas. Inspire gratidão pelo milagre do transporte moderno. Expire e saia.

Rádio

Ouça todas as músicas que tocam no rádio como se o "você" da canção fosse o seu poder maior ou o seu eu mais profundo. As estações de músicas populares de repente se transformarão num tesouro sem dono de pensamentos filosóficos. Tente fazer isso com todos os tipos de música.

Seja todos os motoristas

Quando estiver dirigindo por uma via de tráfego intenso, tente fazer esta meditação (de olhos abertos!). Observe o motorista do carro ao lado. Imagine aonde ele está indo. Ele está de terno? Talvez esteja a caminho do trabalho. Está de camiseta regata? Talvez esteja indo para a academia de ginástica. Imagine quais são as esperanças dele neste exato momento: que a esposa o perdoe por ter chegado tarde do trabalho, que a filha não tenha esperado muito tempo na porta da escola quando ele chegar para apanhá-la.

Agora olhe o motorista da frente. Quais são os pensamentos, as esperanças ou os temores dele? E o motorista que está na frente dele? Há outros carros vindo na direção contrária. Há carros muito na frente e muito atrás de você, cujos motoristas você não pode ver. Esse desfile de pessoas passa pela cidade toda, pelo município e pelo país. Perceba que cada carro é um veículo que transporta outra pessoa com suas esperanças, medos, amores e desejos. Cada pessoa tem uma jornada própria na vida, e todas são tão importantes quanto você. Sinta-se como um viajante entre muitos. Sinta-se nesta vida, nesta rodovia, tanto isoladamente como parte de uma grande caravana cósmica. Olhe novamente todas as pessoas com as quais você está viajando. Deseje o bem de todas elas (sim, até mesmo da mulher que acabou de lhe dar uma fechada). Deseje a todas paz e realização.

Pare totalmente

Quando se aproximar de um sinal vermelho, entre em sintonia com o seu bate-papo interior. Pare completamente e inspire. Observe em que está pensando. É um pensamento positivo ou negativo? Ele confirma as convicções que você quer manter? Você está vivendo no passado, no presente ou no futuro? Aproveite essa oportunidade para reorganizar e refrescar a mente.

NA ESTRADA

A espera

Pensamos em viagens como movimento; mas, na verdade, grande parte do tempo passamos parados. Aguardamos ônibus, aviões, trens e semáforos. Aguardamos no meio do tráfego, em aeroportos e em salas de espera por pessoas que estamos ávidos para encontrar! Tantas vezes encarada como empecilho, a espera pode representar uma oportunidade para ficar consciente.

Sempre que estiver aguardando algo, aproveite para tomar consciência do momento presente. Em primeiro lugar, fique consciente da sua respiração. Apenas respire e preste atenção no fluxo de ar que entra e sai dos pulmões. Em seguida, tome consciência do seu corpo. Comece com as partes que ficam em contato com outras superfícies, como o assento, o pedal do acelerador ou o chão. Observe os locais em que a pele fica em contato com a roupa. Apenas perceba as diversas sensações. Depois, volte a sua atenção para os locais em que a pele fica exposta ao ar. Reiterando, apenas observe e fique presente.

A espera

Quando estiver plenamente consciente do próprio corpo, fique consciente do mundo à sua volta. Não julgue; apenas observe. Ouça os sons ao seu redor. Procure ouvir os mais graves. Preste atenção nos cheiros, depois nas coisas que estão no seu campo de visão. Observe as cores, as sombras, a luz do sol. Se estiver tomando alguma bebida, sinta-lhe verdadeiramente o sabor. Você ainda estará aguardando para chegar ao seu destino, mas de certo modo já chegou — no momento presente.

Observe o espaço intermediário

Durante a meditação prestamos atenção nos intervalos entre a inspiração e a expiração. A espera é apenas a pausa entre uma ação e outra. É o espaço negativo, ou vazio, dos nossos dias. Os japoneses têm um termo para o espaço em branco de uma obra de arte: *yohaku*. O *yohaku* é considerado tão importante quanto as áreas em que os traçados e as cores criam a pintura que estamos acostumados a contemplar. Observe os espaços vazios do seu dia, os espaços entre o que consideramos o "propósito" da vida. Comece a enxergar a beleza desses intervalos e a sua necessidade; aprecie o papel que eles desempenham na criação do padrão finíssimo que é a sua vida.

A vida na faixa mais lenta

Às vezes, o mais difícil quando se diminui o ritmo é a sensação de estar perdendo o controle. Queremos dar seqüência à vida, mas somos impedidos por um atraso no vôo, por obras na rodovia ou pelo carro da frente que está vinte quilômetros abaixo do limite de velocidade. Você não pode controlar o mundo ao seu redor, mas pode manter controle sobre a sua mente a qualquer hora. Deixe um poema ou uma oração que você gostaria de memorizar dentro da carteira, do porta-luvas ou do bolso. Aproveite esse tempo para decorar algumas frases. Ou, se já sabe de cor, aproveite para refletir sobre cada frase. Você pode até mesmo recitar um mantra ou repetir uma palavra ou frase inspiradora. Concentre-se nos seus pensamentos e na sua respiração. Você vai ficar decepcionado quando tiver de se movimentar novamente.

Espere como as montanhas

A montanha não é impaciente. A montanha não se importa de esperar. Quando estiver aguardando numa fila, aprenda com as montanhas. Na Postura da Montanha da yoga, o corpo aprende com a força da terra. Tente fazer essa postura simples sempre que estiver aguardando em pé. Separe os pés na largura dos

A espera

quadris e deixe os braços penderem ao lado do corpo. Sinta o peso distribuído uniformemente nos dois pés. Verifique se os joelhos estão relaxados, e não travados, e use os músculos da coxa para manter suspensa a rótula. Relaxe a pelve e contraia o cóccix, para que a coluna lombar não fique muito arqueada. Sinta as vértebras que compõem a coluna  repousando confortavelmente uma sobre a outra. Use a força do abdome para apoiar a coluna lombar. Relaxe os ombros e o pescoço. Verifique se o queixo, a língua, a testa ou os olhos não estão tensos. Continue prestando atenção nos pés, que representam a base estável dessa postura, e fique consciente do seu corpo da sola dos pés até o topo da cabeça enquanto permanece imóvel.

As pessoas que cruzam o seu caminho

Quando se deslocar de um lugar para outro, recrute todas as pessoas que encontrar para serem suas professoras. Atravesse o dia partindo do pressuposto de que todo mundo tem algo a lhe ensinar. Observe como essa atitude transforma a sua interação com o apático balconista da loja de uma experiência frustrante num exercício de paciência.

Atenção, por favor!

Nos aeroportos, nos ônibus e nas estações de trem, você vai ouvir um importante lembrete. Do sistema de alto-falantes sai a palavra exata que você precisa ouvir: *atenção*. Pode ser que você ouça "Atenção passageiros do vôo 123" ou "Atenção clientes". Sempre que ouvir a palavra *atenção*, saiba que essa é uma mensagem dirigida a você. Obedeça ao comando. Preste atenção — na respiração, no momento presente, nos pensamentos que estão desfilando na sua mente.

Observe os seus modos

As viagens nos põem em contato não apenas com lugares novos, mas também com outras pessoas. Os bons modos foram criados para tornar as interações mais agradáveis e mais significativas. Mas ultimamente as noções de etiqueta não têm sido bem acolhidas. Alguns comportamentos considerados gentis algum tempo atrás agora são vistos como ultrapassados. Muitas demonstrações de respeito que antes eram reguladas pelo sexo, como quando um homem mantinha a porta aberta para dar passagem a uma mulher, agora são vistos como fora de moda. Em muitos casos, porém, o que deixou de existir foi esse comportamento de pequenas gentilezas, em vez das expectativas ligadas ao papel masculino, que as acompanhavam. Os bons modos só ficam ultrapassados quando nos esquecemos do seu significado. Reanalise as maneiras educadas e dê-lhes um significado verdadeiro.

Obrigado, obrigado

A oração é uma forma de comunicação no nível espiritual. A mais simples das orações é fácil de decorar: "obrigado". Tente repeti-la, mentalmente ou em voz alta, cem vezes por dia. Sempre que vir alguma coisa bonita, sentir alegria ou escapar do perigo, diga obrigado. Não importa a quem você oferece essa oração simples, a outra pessoa, a Deus ou ao universo. Toda vez que fizer isso, sinta-se realmente agradecido.

Depois de você

Quando segurar a porta para alguém passar (homem ou mulher), pense no desejo que você sente de facilitar a passagem, e a vida de modo geral, dessa pessoa. Ao deixar alguém passar na sua frente no trânsito ou numa fila, lembre-se de como é importante abrir mão dos próprios planos e compromissos. Quando disser "por favor", respeite realmente o esforço que a outra pessoa está prestes a fazer em seu benefício. Sinta uma dose genuína e saudável de humildade.

Feriados

Quando tirar folga da rotina de trabalho, você não precisa tirar folga da sua prática de conscientização. Em certos aspectos, é mais fácil permanecer no momento presente durante um feriado. Afinal de contas, as suas atividades são agradáveis e geralmente foram escolhidas por você mesmo. Mas pode ser difícil resistir aos rígidos itinerários ou abster-se dos hábitos de planejamento e julgamento. Quer esteja viajando para um lugar distante ou fazendo um curto passeio de um dia, você poderá encontrar diversas oportunidades para intensificar a sua atenção e prosseguir consciente.

Nada de máquina fotográfica

Na próxima viagem da família, deixe a máquina fotográfica em casa. Está certo que álbuns de fotografia e fitas de vídeo da família reunida são um tesouro para reminiscências futuras, mas muitas vezes sacrificamos o momento presente no afã de registrá-lo para a posteridade. Além disso, quando temos uma câmera ficamos preguiçosos. Confiamos no olho mecânico para ver a paisagem, e o processo fotográfico substitui a memória. Em vez

NA ESTRADA

disso, confie na sua mente para preservar o que gostaria de se lembrar.

Uma forma alternativa de criar a lembrança dos feriados e desenvolver uma sensação diferente consiste em levar um gravador portátil e gravar os sons da viagem. Você pode gravar entrevistas com os membros da família, companheiros de viagem e pessoas que conhecer. Você pode gravar o som das ondas do oceano se quebrando, o canto dos pássaros, o ruído de uma cachoeira, o burburinho de um café charmoso e as músicas tocadas pelos artistas de rua.

Pode ser também que você queira levar um caderno no lugar de uma câmera fotográfica. Registre os acontecimentos de cada dia. Desenhe, em vez de tirar fotografias — suas paisagens preferidas. Cole o canhoto de bilhetes de entrada de shows e museus, recortes coloridos de mapas turísticos e revistas nas páginas em branco.

Feriados

Viaje em casa

Você já reparou como os seus sentidos ficam aguçados quando viaja para outro país? Você observa tudo. Fica encantado com a garrafa azul de água do café parisiense. Aprecia demoradamente a beleza de uma gota de orvalho num botão de flor que caiu no terraço do hotel ou fica extasiado com o canto dos pássaros. Tudo parece encantador. Adote essa postura em casa. Observe as pequenas coisas como se nunca as tivesse visto antes. No final do dia, faça uma lista dos objetos dignos de nota que fazem parte do seu mundo.

> *"Seja, sim, o Mungo Park, o Lewis e Clark e Frobisher de seus próprios rios e oceanos; explore suas próprias latitudes mais elevadas."*
>
> — Henry David Thoreau, *Walden*

Deixe-se levar pela arte

Os artistas criam quando estão num estado elevado de consciência, e quando olhamos uma obra de arte muitas vezes somos alçados a esse plano. Visite um museu e fique absorto num quadro que chama a sua atenção. Sente-se ou fique em pé diante dele e tente vê-lo de verdade. Deixe de lado seus julgamentos e pensamentos analíticos. Veja com o coração.

Eu gostaria que você estivesse aqui

A maioria das pessoas em viagem de férias considera parte essencial do itinerário uma visita às lojas de *souvenir* para comprar cartões postais. O cartão postal pode retratar uma praia, um castelo ou um monumento. No verso, escrevemos uma curta mensagem, que muitas vezes pode ser resumida pela frase tradicional que vem impressa nos cartões: "Estou me divertindo muito, e gostaria que você estivesse aqui." E se aplicássemos essa frase a nós mesmos? Quantas vezes, em viagem de férias ou em casa, fazemos alguma coisa de que realmente gostamos mas não ficamos verdadeiramente presentes para curtir? E se disséssemos a nós mesmos "Ei, eu poderia estar me divertindo muito, se ao menos estivesse realmente aqui"?

Vá a uma loja que vende cartões postais ou faça o seu próprio cartão. Muitas livrarias vendem cartões postais em branco. Pinte a parte da frente com aquarela ou lápis de cor, ou cole figuras recortadas de revistas. Escolha ou crie uma cena que reflita algum aspecto do seu cotidiano. Escreva para si mesmo uma nota no verso do cartão, como "Fique presente", "Respire" ou "Curta". Escreva o seu endereço e coloque no correio. Quando a correspondência chegar, depois de alguns dias, você terá um lembrete maravilhoso para estar presente — quer esteja em viagem de férias, em casa ou no trabalho.

É simplesmente natural

Sempre que visualizamos um ambiente calmo e sereno, trata-se de um cenário natural. Quer seja uma praia, uma trilha na montanha ou uma projeção rochosa que nos protege do vento enquanto nos aquecemos no calor do sol, um lago sereno ou um riacho borbulhante, a maioria de nós tem um paraíso natural real ou imaginário. É junto à natureza que sentimos a nossa ligação com os elementos. O coração pulsante parece reconfortado pelo sopro do vento. Seja qual for a sua magia, a natureza alimenta a alma de forma profunda, confiável e quase sempre acessível.

Uma ótima maneira de meditar ao ar livre é fazer um diário da natureza. Você só precisa de um lápis e de um diário em branco ou de um bloco de papel. Olhe durante meia hora uma flor ou uma árvore. Tente representá-la no papel. Não é preciso ser artista, e o objetivo não é o produto final. Não risque os "erros". Não há erros. Comece de novo ou simplesmente vá em frente. Ninguém mais vai ver o seu desenho. Na verdade, nem mesmo o chame de desenho, mas sim de registro da sua capacidade de ver. O objetivo é captar todos os detalhe de forma, cores, nuances e traçado. Antes que se dê conta, estará totalmente absorto naquilo que está fazendo e no objeto que está retratando.

Contemple as estrelas

Os antigos viam os corpos celestes como grandes reservatórios de energia. Os taoístas consideram a Ursa Maior uma constelação vital, e acreditam que a fulgurante concha que paira sobre as nossas cabeças seja uma verdadeira taça contendo energia cósmica. Procure um lugar escuro o bastante para que possa ver as estrelas. Deite-se de costas e contemple a Ursa Maior. Medite sobre a energia que dizem que ela contém; imagine que está bebendo o conteúdo dessa taça. Sinta a luz percorrer o seu corpo, descendo pela garganta, pelo coração e pelos pulmões até atingir a parte inferior do abdome. Deixe que o brilho constante das estrelas encha o seu corpo.

Atire uma pedra

Vá até um rio, oceano ou a qualquer curso de água corrente. Caminhe pelas margens e recolha um punhado de pedrinhas. Pense nos hábitos mentais, nos medos, nos ressentimentos e nas crenças ultrapassadas que está preparado para abandonar. Sinta o peso de uma pedra na mão. Sinta também o peso do ressenti-

É simplesmente natural

mento ou do medo preso na sua mente. Quando estiver pronto, atire a pedra, deixando que leve consigo o seu bloqueio interior. Observe a água se agitar no ponto em que a pedra caiu, fazendo-a desaparecer.

Momentos eternos

Um momento não é uma medida de tempo como um segundo ou um minuto. Um momento vivido na sua plenitude é atemporal. Descubra oportunidades para ficar livre do tique-taque do relógio. Tente dizer as horas pela posição do sol. Faça um compromisso consigo mesmo de voltar para casa no final das férias *sem* uma marca branca no lugar da pulseira do relógio.

Lembrete Final

OS RELIGIOSOS FALAM EM TORNAR A VIDA SANTA. Viver de modo consciente significa viver mais plenamente. Em muitos aspectos, essas abordagens são as mesmas. Nós abençoamos a nós mesmos, às pessoas que fazem parte da nossa vida e ao ambiente que nos cerca quando realmente prestamos atenção.

Quando a nossa visão não está nublada por arrependimentos passados e preocupações futuras, vemos o mundo como um míope que usa óculos pela primeira vez. Os traçados que antes eram borrados adquirem nitidez. As cores parecem mais vibrantes. As texturas pedem para ser tocadas. Quando vivemos de modo consciente, o nosso coração se abre. Quando nos sentimos tentados a parar e a ouvir o canto de uma graúna, aprendemos também a ouvir mais atentamente a nossa voz interior, ou intuição. Em vez de voar, o tempo pára.

À medida que praticar um modo de vida consciente, faça um diário das suas experiências e tome nota das mudanças que percebe na sua vida. Procure passar, pelo menos uma vez por ano, um fim de semana ou uma semana inteira exercitando a conscientização. Pode ser que queira participar de um retiro de meditação, programar um dia de isolamento à beira do mar ou se inscrever num seminário de conscientização. Esses períodos anuais irão ajudá-lo a se manter ocupado por mais 12 meses — um momento de cada vez.

"A grande descoberta da nossa geração é que todo ser humano pode mudar de vida mudando de atitude."

— William James